Amerikanische

NATIONAL-PARKS

Landschaftsbilder aus den USA

Amerikanische

NATIONAL-PARKS

Landschaftsbilder
aus den USA

David Muench
Fotografie

Text von Stewart L. Udall
und James R. Udall

Christian Verlag

DEN MITARBEITERN DES NATIONAL PARK SERVICE IN GEGENWART
UND VERGANGENHEIT, DEREN PHANTASIE UND ENGAGEMENT WIR DIE ERHALTUNG
DER NATÜRLICHEN SCHÖNHEITEN UNSERER NATIONALPARKS VERDANKEN.

DAVID MUENCH

SEITE 1: GRAND CANYON NATIONAL PARK
SEITE 2 UND 3: ARCHES NATIONAL PARK
GEGENÜBERLIEGENDE SEITE: WRANGELL-ST. ELIAS NATIONAL PARK AND PRESERVE

Aus dem Englischen übertragen von Rudolf Hermstein
Korrektur: Britta Fuss
Umschlaggestaltung: Horst Bätz
Herstellung: Dieter Lidl
Satz: Satz & Repro Grieb, München

Design: Bonnie Muench
Karten: Ortelius Design

Bindung: Lincoln & Allen
Druck: Color Magic, Inc.
Printed in the U.S.A.

ISBN 3-88472-293-X

San Juan Island NHP
North Cascades NP
Olympic NP
SEATTLE
Klondike Gold Rush NHP
Mount Rainier NP
WASH.
Fort Clatsop N MEM
Fort Vancouver NHS
PORTLAND
Whitman Mission NHS
Nez Perce NHP
Glacier NP
Grant-Kohrs Ranch NHS
MONT.
Fort Union Trading Post NHS
N. DAK.
Knife River Indian Villages NHS
Theodore Roosevelt NP
FARGO
John Day Fossil Beds NM
ORE.
Big Hole NB
IDAHO
Custer Battlefield NM
Oregon Caves NM
Crater Lake NP
BOISE
Craters of the Moon NM
Yellowstone NP
Grand Teton NP
Devils Tower NM
S. DAK.
Mt. Rushmore NM
Redwood NP
Lava Beds NM
Jewel Cave NM
Wind Cave NP
Badlands NP
WYO.
Lassen Volcanic NP
Golden Spike NHS
Fossil Butte NM
Agate Fossil Beds NM
Fort Laramie NHS
Scotts Bluff NM
NEB.
NEV.
SALT LAKE CITY
Timpanogos Cave NM
Dinosaur NM
Point Reyes NS
SACRAMENTO
Rocky Mountain NP
Muir Woods NM
John Muir NHS
Yosemite NP
Great Basin NP
UTAH
Homestead NM of America
DENVER
COLO.
Devils Postpile NM
Capitol Reef NP
Arches NP
Colorado NM
Florissant Fossil Beds NM
Pinnacles NM
Kings Canyon NP
Bryce Canyon NP
Black Canyon of the Gunnison NM
CALIF.
Cedar Breaks NM
Canyonlands NP
KAN.
Sequoia NP
Zion NP
Natural Bridges NM
Pipe Spring NM
Hovenweep NM
Great Sand Dunes NM
Death Valley NM
Rainbow Bridge NM
Mesa Verde NP
WICHITA
Navajo NM
Lake Mead NRA
Aztec Ruins NM
Grand Canyon NP
Canyon de Chelly NM
Capulin Volcano NM
Chaco Culture NP
Channel Islands NP
LOS ANGELES
Sunset Crater NM
Wupatki NM
Fort Union NM
Joshua Tree NM
Bandelier NM
Tuzigoot NM
Walnut Canyon NM
Pecos NHP
El Morro NM
OKLA.
Montezuma Castle NM
Petrified Forest NP
N. MEX.
Alibates Flint Quarries NM
El Malpais NM
ARIZ.
Cabrillo NM
SAN DIEGO
PHOENIX
Salinas NM
Tonto NM
Gila Cliff Dwellings NM
Casa Grande NM
Organ Pipe Cactus NM
Saguaro NM
White Sands NM
Chiricahua NM
DALLAS
Carlsbad Caverns NP
Tumacacori NM
Coronado N MEM
Chamizal NM
Guadalupe Mountains NP
TEX.
Fort Davis NHS
Lyndon B. Johnson NHP
N
W
O
S
SAN ANTONIO
Big Bend NP
San Antonio Missions NH
Noatak N PR
Gates of the Arctic NP & PR
Cape Krusenstern NM
Bering Land Bridge N PR
Kobuk Valley NP
ALASKA
Yukon-Charley Rivers N PR
Denali NP & PR
Lake Clark NP & PR
ANCHORAGE
Wrangell-St. Elias NP & PR
Klondike Gold Rush NHP
Kenai Fjords NP
Katmai NP & PR
Glacier Bay NP & PR
Aniakchak NM & PR
Sitka NHP

Nationalparks in Amerika

NB	National Battlefield	NMP	National Military Park
NBS	National Battlefield Site	NP	National Park
NBP	National Battlefield Park	N PR	National Preserve
NHP	National Historical Park	NR	National River or Riverway
NHS	National Historic Site	NRA	National Recreation Area
NL	National Lakeshore	NS	National Seashore
NM	National Monument	NSR	National Scenic River or Riverway
N MEM	National Memorial		

EINE HOMMAGE

von Steward L. Udall und James R. Udall

Seit 1859, als Charles Weed die ersten bekannt gewordenen Fotos von Yosemite machte, sind in Amerika Landschaftsfotografie und Nationalparks untrennbar miteinander verbunden. Indem sie der Öffentlichkeit die majestätische Schönheit von Yellowstone und Yosemite vor Augen führten, waren Fotopioniere wie Weed, Carleton E. Watkins und William Henry Jackson gewissermaßen die Hebammen der Nationalpark-Idee. Seit ihrer Zeit haben sich Landschaftsfotografie und Nationalparks gemeinsam entwickelt und gegenseitig befruchtet.

Zu den hervorragenden amerikanischen Fotografen, die sich vor allem auf die Nationalparks konzentrierten, gehören unter anderen Timothy H. O'Sullivan, John K. Hillers, George Fiske, Laura Gilpin, Ansel Adams, Edward und Brett Weston, Eliot Porter und der Künstler, dessen Arbeiten hier zu sehen sind, David Muench.

Dieses Buch, David Muenchs einunddreißigster Bildband, läßt uns die Spannweite seines fotografischen Werks erkennen. Drei Jahrzehnte lang hat er sein visionäres Auge auf unsere Nationalparks gerichtet und immer von neuem versucht, ihre magischen Formen und Farben einzufangen. Während frühere Fotografen sich oft auf eine bestimmte geographische Region beschränkten, hat Muench, freilich unterstützt durch raschere Verkehrsmittel, den ganzen Kontinent zu seinem Revier gemacht. Wenn er auf der Suche nach optischen Mysterien Amerika durchstreift, ist jeder Trip eine Forschungsreise.

Mit Anspielung auf die Herausforderung, vor die sich jeder gestellt sieht, der es sich zur Aufgabe macht, die Pracht der Nationalparks auf Film zu bannen, sagte der verstorbene Ansel Adams einmal: »Die Landschaft ist möglicherweise das schwierigste thematische Material, mit dem man arbeiten kann; sie gestattet nur minimale Kontrolle über den Aufnahmestandpunkt im Verhältnis zum Bildaufbau und stellt den Fotografen vor extreme Gegensätze zwischen Licht und Schatten ...« Jeder, der einmal mit einem Landschaftsfotografen auf der Suche nach dem einen perfekten Bild durch Bergland und Wüste wandert, merkt schon bald, was für eine schwierige Pirsch das ist: Man muß vor Morgengrauen aufstehen, wie ein Packesel mit Ausrüstungsgegenständen beladen den Marsch zum vorgesehenen Aufnahmeort antreten, Gelände und fotografische Möglichkeiten akribisch analysieren, und natürlich, ob fröstelnd oder schwitzend, endlos warten. Dann, in jenem unvorhersehbaren Moment, wenn Licht, Schatten und Motiv eine ideale Verbindung eingehen, gilt es, in größter Eile mehrere Aufnahmen zu machen, bevor die Gunst des Augenblicks sich wieder verflüchtigt. Ich bewundere die Hingabe, mit der David Muench seinem Metier nachgeht, das oft die Ausdauer einer Bergziege und die Geduld eines Pilgers erfordert.

Das Werk dieses Fotografen verrät eine tiefe Einfühlung in die Welt der Natur. Es erzählt von dem Wunsch, Bilder zu entdecken, die den Betrachter veranlassen, sich zur Sache des Naturschutzes zu bekehren, Mitstreiter zu werden im Kampf um die Erhaltung unserer unberührten Landschaften. Ja, beim Umblättern dieser Seiten hat man das Gefühl, daß David Muench die Nationalparks als Kathedralen sieht und unermüdlich nach Bildern sucht, die zum Betrachter sagen: »Dies ist ein heiliger Ort. Laßt ihn uns nicht entweihen!«

Mein Herz schlägt schneller, sooft ich daran denke, daß David Muench immer noch unterwegs ist, immer noch nahe und ferne Horizonte nach dem vollkommenen Porträt der amerikanischen Erde absucht.

Die Channel Islands gehören der See – zerklüftete Vorgebirge, stille Buchten und Sandstrände säumen fünf Inseln, vom Festland getrennt durch den ewig anbrandenden Pazifik. Eingerichtet 1980.

ANACAPA ISLAND, CHANNEL ISLANDS

REDWOOD-STAMM, DEL NORTE REDWOODS

GEZEITENBEWEGUNG, DEL NORTE COASTLINE

Majestätische Stille umgibt die größten Pflanzen der Welt. Bäume der Art Sequoia sempervirens *ragen höher als alle anderen Pflanzen der Welt in den nebelverhangenen Himmel. Diese urtümlichen Bäume wurden von vorrücken-den Eismassen in Restgebiete an den nebligen nordkalifor-nischen Küsten abgedrängt. Der Redwood National Park schließt drei State Parks ein – Prairie Creek, Jedidiah Smith und Del Norte Coast. Der Nationalpark wurde 1968 eingerichtet und ist heute Weltnaturerbe und Internatio-nales Biosphärenreservat.*

KNORRIGE REDWOOD-STÄMME, PRAIRIE CREEK REDWOODS

JEDIDIAH SMITH REDWOODS

SEQUOIA SEMPERVIRENS (KÜSTENMAMMUTBAUM) UND FARNE

RHODODENDRON, DEL NORTE REDWOODS

ABENDLICHE BRANDUNG, DEL NORTE

MOUNT OLYMPUS VON DER HIGH DIVIDE AUS

MOOSBEWACHSENE FICHTEN, HOH RAIN FOREST

Drei klar getrennte Ökosysteme werden von Wasser und Eis geformt – Pazifikküste, gemäßigter Regenwald und Gebirgswald und -matten. Die von Klippen und Fluttümpeln gesäumte Küste entsteht aus der Dynamik zwischen Land und Meer. Die Lebensgemeinschaft dichter, üppiger Vegetation – mit Ahornbäumen, Moos und riesigen Kiefern – bildet einen der seltenen gemäßigten Regenwälder. In größeren Höhen weicht der Wald weiten Matten mit Wildblumen und verkrüppelten Bäumen. Der Olympic National Park wurde 1938 eingerichtet und ist sowohl Weltnaturerbe als auch Internationales Biosphären-reservat.

KASKADE, SOLDUC RIVER VALLEY

AUSGEBLEICHTE FICHTE IN BRANDUNG, RIALTO BEACH

TREIBHOLZFENSTER, OLYMPIC COASTLINE

KLIPPEN, SECOND BEACH

BOGEN, RIALTO BEACH

EISBERG, JOHNS HOPKINS INLET

Einst unter kilometerdicken Eismassen begraben, ist Glacier Bay heute eine evolutionäre Landschaft, ein Gebiet, in dem die Gletscher auf dem Rückzug und die Pflanzen auf dem Vormarsch sind, ein offenes Buch über Ur-Eiszeiten. Spektakuläre Überbleibsel sind etwa fünfzehn ans Meer führende Gletscher, die von Zeit zu Zeit kalben und Eisberge ins Meer entlassen. Die Farben der Eisblöcke verraten ihre Herkunft – eingeschlossene Luftblasen sind weiß, dichtes Eis ist blau, Eis vom Gletschergrund ist grün. Eingerichtet 1980.

ANS MEER FÜHRENDER GLETSCHER, LAMPLUGH

EISFORMEN DES LAMPLUGH GLACIER

WEIDENRÖSCHEN UND SILBERWURZ, JOHNS HOPKINS INLET

KAJAKFAHRER AM RAND EINES GLETSCHERS

Riesig, zerklüftet, entlegen, unglaublich – nur einige der vielen Superlative. Sechsmal so groß wie Yellowstone, ist dies der größte National-park der Vereinigten Staaten. Der St. Elias ist einer der höchsten Gebirgszüge der Erde. Aus dem Flugzeug sieht man Eis, Flüsse und immer wieder Flüsse und ständig mit dem Licht wechselnde Stimmungen. Fast die Hälfte der höchsten Gipfel der Vereinigten Staaten liegen in den Gebirgsketten Wrangell und St. Elias. Der 1980 eingerichtete Nationalpark ist Welterbe.

BAGLEY ICEFIELD, ST. ELIAS RANGE

MOUNT ST. ELIAS ÜBER ICY BAY

COPPER RIVER UND MOUNT SANFORD

ABEND AM MOUNT SANFORD, WRANGELL RANGE

MOUNT ST. ELIAS, ICY BAY

HOCH ÜBER DER ST. ELIAS RANGE

HUBBARD GLACIER UND MOUNT HUBBARD

AUSGEBLEICHTES WURZELWERK EINER FICHTE, AIALIK GLACIER

Entstanden aus Wassern des Pazifiks, sind Gletscher, die vom Harding Icefield bis ans manchmal stürmische Meer herabziehen, das wesentliche Merkmal dieser gebirgigen Küstenlandschaft. Felsige Halbinseln und Vorgebirge trotzen den Wassern des Golfs von Alaska, während die langen Fjorde stille Buchten im Landesinneren bilden, wie Harris, Aialik, Two Arm und Thunder. Eingerichtet 1980.

RUHENDE SEELÖWEN IN DER HARRIS BAY

FRISCH ABGEBROCHENE EISBERGE, PEDERSON GLACIER

WEIDENRÖSCHEN, NORTHWEST ARM, HARRIS BAY

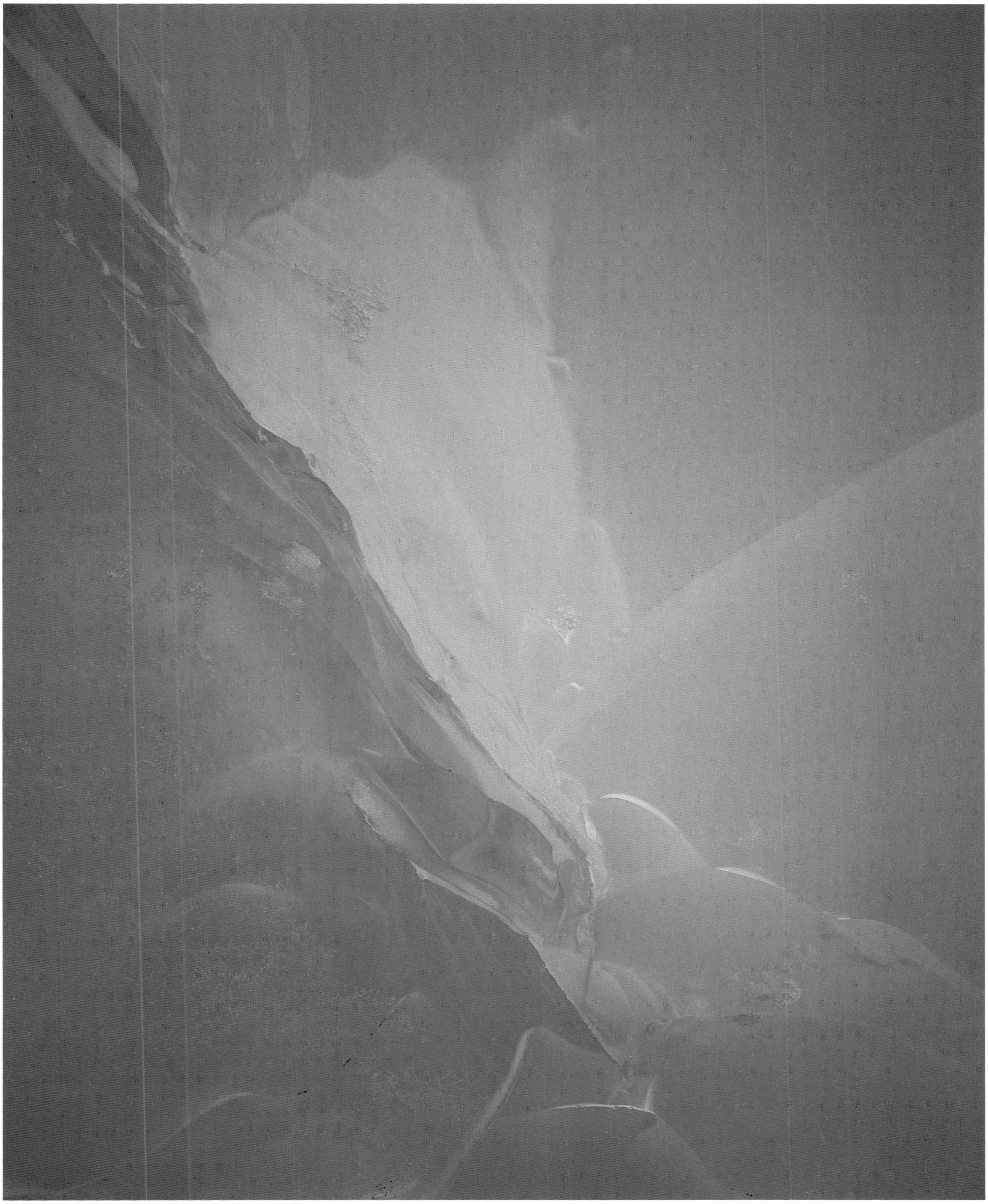

GLETSCHERINNERES, PEDERSON GLACIER

NORTHWEST ARM, HARRIS BAY

SPITZE DES NORTHWEST ARM, HARRIS BAY

WOLLGRAS, ALASKA RANGE

Der Denali National Park ist ein einziges großes Drama. Die Tierwelt ist erstaunlich vielfältig und erstaunlich sichtbar. Der Denali, ein massiger, 6194 m hoher Klotz, ist das Dach von Nordamerika. Von subtilerer Art ist die subarktische Wildnis der Pflanzen in Taiga und Tundra. Die Taiga ist ein schütterer Wald entlang Flußläufen auf Talböden. Die Tundra besteht meist aus Büscheln von Seggen und Wollgras und anderen Zwergpflanzen. Die trockene Tundra ist eine steinige Miniaturlandschaft von Beeren und Wildblumen. Eingerichtet 1917.

BEEREN, FLECHTEN UND ZWERGFICHTEN IN DER TUNDRA

BLICK VOM KESUGI RIDGE AUF DEN DENALI

MOUNT McKINLEY IM HERBST

NORD- UND SÜDGIPFEL DES MOUNT McKINLEY

SEVEN POOLS, OHEO GULCH, KIPUHULU COAST

SILBERSCHWERT, SONNENAUFGANG VOM KALAHAKU AUS

Haleakala, das »Haus der Sonne«, ist ein riesiger erloschener Vulkan, der das Ostende der Insel Maui bildet. Es ist eine kontrastreiche Landschaft von Vulkanen, Regenwald und Küstenstrichen. Der geologischen Entstehungsgeschichte nach bewegte sich die Pazifische Platte in nordwestlicher Richtung über einen sogenannten »Hot spot« und ließ dadurch die Vulkaninseln entstehen. Nach einem Zwischenspiel, in dem durch Erosion der Koolau- und der Kaupo-Durchbruch entstanden, begann die neuzeitliche Periode der aus Aschenkegeln und Lava bestehenden Landschaft. Eingerichtet 1976.

ASCHENKEGEL, HALEAKALA-KRATER

HAUS DER SONNE, HALEAKALA-KRATER

PUU MAUI UND KAUPO-DURCHBRUCH

AMAU-FARN, HALEMAUMAU-KRATER, KILAUEA

Dies ist das Reich der Göttin Pele, der feurigen Tochter von Mutter Erde und Vater Himmel – unberechenbar und aufbrausend. Man schreitet vorsichtig über diesen geheiligten Boden auf der Hauptinsel Hawaii. Die Vulkanberge Kilauea und Mauna Loa erzeugen einen evolutionären Gegensatz zwischen geschmolzener »AA«- und »Pahoehoe«-Lava einerseits und rasch nachwachsenden Flechten und Farnen, dichten Regenwäldern und seltenen Vogelarten andererseits. Eingerichtet im Jahre 1916, ist der Hawaii Volcanoes National Park sowohl Internationales Biosphärenreservat als auch Weltnaturerbe.

LAVA VON EINEM NEUEREN AUSBRUCH DES MAUNA ULU, MAUNA LOA

PASSATWINDE AN DER KÜSTE VON KALAPANA

LAVAFONTÄNE, KALAPANA

OHIA-HAPUU-REGENWALD, KILAUEA-IKI-KALDERA

Die Küstenmammutbäume –
Sequoiadendron giganteum –
sind die größten Lebewesen auf diesem Planeten. Vor Jahrmillionen bekleideten sie die ganze Erde, doch nur wenige haben die letzte Eiszeit überstanden. Sie sind die Wale des Festlandes und machen uns mit ihren massiven, von Brandnarben bedeckten zimtbraunen Stämmen zu Zwergen. Mammutbäume wachsen am Westabhang der von Gletschern geformten Sierra Nevada. Eingerichtet 1890.

GRANITFELSEN, MOUNT WHITNEY

KÜSTENMAMMUTBÄUME, PARKER GROVE

MORO ROCK, GREAT WESTERN DIVIDE

SEQUOIADENDRON GIGANTEUM IN EINEM NAMENLOSEN WALD

WINTERLICHE VERWANDLUNG, GIANT FOREST

Vom Eis geformte Gebirgsketten, saphirblaue Seen, kristallklare Bäche und tiefe Granitschluchten kennzeichnen diese urtümliche Felsenlandschaft in der Sierra Nevada. Ein riesiger Block der aufgestiegenen und gekippten Erdkruste wurde von den Elementen abgeschliffen und verfeinert. Eingerichtet 1940.

FRÜHLING IM SIXTY LAKES BASIN, MOUNT CLARENCE KING

WINTEREINSAMKEIT, KINGS-KERN DIVIDE

VERNAL-FALL DES MERCED RIVER

Feuer und Eis der Urzeit sind die Schöpfer von Yosemite. John Muir schrieb: »Kein Tempel von Menschenhand kann sich mit Yosemite messen.« Ein majestätisches Hochland von schneegekrönten Bergen, Seen und Canyons umschließt das »unvergleichliche Tal« von Yosemite. Springende Wasserfälle, Monolithe aus Granit und lotrechte Felswände verdeutlichen die Dimensionen des berühmtesten Beispiels eines von einem Gletscher gegrabenen Canyons.

Eingerichtet 1890.

SPIEGELUNG VON EL CAPITAN, MERCED RIVER

HALF DOME, OLMSTED POINT

UPPER YOSEMITE FALLS UND HALF DOME

CATHEDRAL, GIPFEL, TENAYA LAKE, HIGH SIERRA

FRÜHLING, MERCED RIVER, YOSEMITE VALLEY

WINTER, MERCED RIVER MIT EL CAPITAN

Eine aktive vulkanische Landschaft – eine von vielen, die einen feurigen Ring um den Pazifischen Ozean bilden. Eingerichtet 1916.

ABENDLICHE SPIEGELUNG, MOUNT LASSEN, MANZANITA LAKE

Im Lauf von Jahrhunderten haben Regen und Schneeschmelze in der eingestürzten Kaldera des Mount Mazama einen fast 600 Meter tiefen See entstehen lassen, der wie ein dunkelblauer Edelstein funkelt. Eingerichtet 1902.

NEBEL AM SÜDUFER, CRATER LAKE

SONNENAUFGANG ÜBER WIZARD ISLAND, CRATER LAKE

Eine wild zerklüftete Ansammlung gletscherbedeckter Gipfel steigt fast senkrecht aus den eindrucksvollen Tälern der Cascade Range auf. Eingerichtet 1968.

HEMLOCKTANNEN UND GLETSCHER, MOUNT SHUKSAN, NORTH CASCADES

SPIEGELUNGEN IM AURORA LAKE, KLAPATCHE PARK

Das berühmte Wahrzeichen der Cascade Range ist ein untätiger Vulkan mit einer glitzernden Eiskappe. Dieses Gebilde von Feuer und Eis erhebt sich aus einem Meer von Tieflandwäldern und Gebirgswiesen voller Wildblumen, so daß es wie auf einer ätherischen Wolke schwebt. Der Mount Rainier mag diese Bergwelt beherrschen, aber die Besucher erfreuen sich vor allem an den zahlreichen Parks mit Gebirgsblumen am 150 Kilometer langen Wonderland Trail. Eingerichtet 1899.

MOUNT RAINIER, PARADISE VALLEY

KASTILLEA UND LUPINEN, MOUNT RAINIER

REGENWALD AM CARBON RIVER

VORHERGEHENDE SEITEN: EBERESCHEN, MOUNT RAINIER

MORGENRÖTE, MOUNT RAINIER UND COWLITZ CHIMNEYS

OLD WOMAN LAKE MIT FLINSCH PEAK UND MOUNT STIMSON

Glitzernde Gletscher und massive Gipfelketten mit ihren gigantischen, vom Gletschereis geformten Abstürzen prägen den geologischen Charakter des Glacier National Park. Kalksteinschichten, von Urmeeren abgelagert, wurden aufgeworfen und dann von den Gletschern zu den zerklüfteten Landschaftsformen des Parks geschliffen. Wasserfälle, die zwischen Blumenwiesen hindurch in funkelnde Seen stürzen, vervollständigen das Bild bezaubernder Schönheit. Eingerichtet 1932.

STEINMOSAIK, McDONALD CREEK

HERBSTLICHE PAPPELN, ST. MARY LAKE

NACHSOMMER, LAKE McDONALD

KONTINENTALE WASSERSCHEIDE, LOGAN PASS

HEISSE QUELLEN, BISCUIT BASIN

DER CASTLE GEYSER IM UPPER GEYSER BASIN

Ein eingestürzter Vulkan, heiße Quellen, Geysire und Fumarolen erinnern an die bewegte geologische Vergangenheit von Yellowstone. William Henry Jacksons Fotos und Thomas Morans Zeichnungen trugen dazu bei, daß der amerikanische Kongreß im Jahre 1872 Yellowstone zum ersten Nationalpark der Welt erklärte. Heute ist der Park Internationales Biosphärenreservat und Weltnaturerbe.

LOWER FALLS DES YELLOWSTONE RIVER

MORNING GLORY POOL, UPPER GEYSER BASIN

OLD FAITHFUL GEYSER, UPPER GEYSER BASIN

MINERVA TERRACE, MAMMOTH HOT SPRINGS

TÜMPEL AUF DEM GEYSER HILL, UPPER GEYSER BASIN

TERRASSEN, MIDWAY GEYSER BASIN

LOWER YELLOWSTONE FALLS, ARTIST POINT

ÄSENDER ELCH IM SNAKE RIVER

Von der Entstehung her ein Bruchschollengebirge, sind die Grand Tetons, die gut 2000 Meter hoch über Jackson Hole und Snake River aufragen, ein gewaltiges Zeugnis bewegter Epochen der Erdgeschichte. An ihrem Fuß ziehen sich Seen wie Juwelen an einer Kette hin, in denen sich bisweilen die gewaltigen Gipfel spiegeln. In überwältigender Fülle blühen Wildblumen, von der Talsohle durch die Canyons bis hinauf in die Hochgebirgszone. Eingerichtet 1929.

SCHEUNE VOR DEN GRAND TETONS, JACKSON HOLE

GLETSCHERLILIEN, UPPER CASCADE CANYON

SPIEGELUNG, LAKE SOLITUDE

MORGENRÖTE IM JANUAR, GRAND TETON RANGE

MONDUNTERGANG, GRAND TETONS

VON DER SCHNEESCHMELZE GESTALTET, LAKE SOLITUDE

Subalpine Regionen mit ihren Seen und Blumenteppichen sind charakteristisch für eine durch Wandel geprägte Landschaft im Rocky Mountain National Park. Weite, kühle Wälder gehen über in Wildblumengärten von seltener Schönheit und Üppigkeit, bevor man die rauhe alpine Tundrazone auf der Höhe der kontinentalen Wasserscheide erreicht. Eingerichtet 1915.

ZITTERPAPPELN UNTERHALB DER KONTINENTALEN WASSERSCHEIDE

HALLETT PEAK UND BEAR LAKE

LONGS PEAK UND FOREST CANYON, TRAIL RIDGE

ALTE GRANNENKIEFERN OBERHALB DES SNAKE CREEK

Der junge Nationalpark Great Basin beherbergt auf den windgepeitschten Gebirgszügen und in den mit Felsbrocken übersäten Karen der Snake Range große Gruppen der Grannenkiefer, Pinus aristata, *die zu den ältesten Bäumen der Welt gehört. Als »lebendes Treibholz« halten sich die bizarr geformten Bäume in der unwirtlichen Hochgebirgswelt dieser Insel in der Wüste. Im Untergrund sind die Märchenpaläste der Lehman-Höhlen. Eingerichtet 1986.*

HÖHLENGEBILDE IN DEN LEHMAN CAVES, SNAKE RANGE

GRANNENKIEFER-SKULPTUR, WHEELER PEAK BASIN

LEBENDES TREIBHOLZ UND WHEELER PEAK

METHUSALEM AN DER BAUMGRENZE, SNAKE RANGE

UNWETTER, SNAKE RANGE, GREAT BASIN

URALTE GRANNENKIEFERN, GREAT BASIN

EIN GESCHENK AN DIE ZUKUNFT

von Stewart L. Udall und James R. Udall

Vor hundertzwanzig Jahren verliebte sich das amerikanische Volk in einen neuen Gedanken – den Nationalpark-Gedanken. Dank dieser Romanze, die immer noch weitergeht, genießen wir den Vorzug, in einem Land zu leben, in dem drei von hundert Quadratkilometern *für alle Menschen und alle Zeiten im natürlichen Zustand* erhalten werden. Man kann das nicht oft genug erwähnen, denn es ist in gewisser Weise ein Wunder – eines, das einem von Tag zu Tag unglaublicher erscheint.

Drei von hundert, das mag einem nicht als sonderlich viel erscheinen, aber diese Bestände (insgesamt über dreihunderttausend Quadratkilometer) umfassen einige der erlesensten Landschaften der Erde, darunter den Grand Canyon, Yosemite, Canyonlands, die Glacier Bay und den Mount Rainier, um nur einige zu nennen. Auch können die amerikanischen Nationalparks mit einer Fülle von Superlativen aufwarten; hier findet man die höchsten, dicksten und ältesten Bäume der Welt, die größte Höhle der Welt, die schönsten natürlichen Felsbögen der Welt, die eindrucksvollsten Geysire der Welt sowie Nordamerikas längste ans Meer führende Gletscher, höchste Gipfel und interessanteste archäologische Stätten. Jeder Amerikaner hat ein Anrecht auf dieses Erbe an Superlativen. Die Nationalparks gehören ihm und ihr und Ihnen. Sie sind ein Feuer, eine Fackel, die von Generation zu Generation weitergereicht und, so möchte man hoffen, auch an künftige, noch ungeborene Generationen weitergereicht werden wird.

Im Laufe unseres Lebens haben wir beide das Glück gehabt, etwa die Hälfte der einundfünzig Nationalparks der USA sowie ein paar Nationalparks in anderen Ländern erkunden zu können. Obwohl wir keinen der Parks so gut kennen, wie wir wünschen würden, ist uns das Parksystem zu einem zweiten Zuhause geworden. Zu Fuß und zu Pferde, mit Kanu und Floß, in Jeeps und auf Langlaufskiern haben wir die versteckten Winkel der Nationalparks aufgesucht, ihren geheimen Wundern, ihrem reichen Tierleben nachgespürt. Für uns wie für Millionen unserer Landsleute sind Nationalparks Orte des Abenteuers, der geistigen Anregung und der seelischen Erholung. Viele unserer schönsten Erinnerungen gehen auf Erlebnisse in Nationalparks zurück. Indem sie uns die Augen für die Schönheiten der Natur öffneten, uns sehen und genießen lehrten, haben die Nationalparks uns auf eine Weise bereichert, die nichts mit materiellen Dingen zu tun hat. Ohne die Nationalparks wären wir ärmere Menschen, wäre Amerika ein ärmeres Land.

Als Erfindung war die Nationalpark-Idee derart brillant, daß sie auch nach 120 Jahren nichts von ihrer Frische eingebüßt hat. Vielleicht war es ja nicht »die beste Idee, die Amerika je gehabt hat«, wie ein Engländer einmal überschwenglich meinte, doch sie kann durchaus mit Baseball und der Bill of Rights mithalten. Aber woher kam diese Idee eigentlich?

Es gibt da zwei Versionen. Zum einen die ausführliche, trockene, muffige, mit Fußnoten versehene Geschichte von Pfeife rauchenden, selbstherrlichen Professoren. Und zum anderen die bezaubernde, märchenhafte Version der »unbefleckten Empfängnis«, um die herum der National Park Service einst seine Hagiographie aufbaute. Die lange Version beginnt vor zweitausend Jahren, mit den Römern und ihren »heiligen Hainen«, springt dann zur Renaissance und den Adligen, die in privaten *parcs* (Altfranzösisch, Mittelenglisch) ihrer Jagdleidenschaft frönten, landet mit der *Mayflower* in Amerika und schlägt sich dann zwei Jahrhunderte lang durch die Wildnis der Puritaner. Damit sind wir am Ende des ersten Kapitels und etwa im Jahre 1807, als man in Philadelphia für einen Vierteldollar ein Dutzend Zedernvögel bekam. Auch das Märchen beginnt im Wald, mit achtzehn Männern, die im Jahre 1870 an einem Lagerfeuer sitzen und sich über zwei Fragen den Kopf zerbrechen: Wie teilen wir dieses Wunderland Yellowstone auf? Und was um Himmels willen ist Truman zugestoßen?

»Truman« war Truman C. Everts, der älteste Teilnehmer an der Washburn-Langford-Expedition, die nach Yellowstone gekommen war, um ein für allemal die phantastischen Geschichten zu bestätigen oder zu widerlegen, die man sich von diesem Gebiet erzählte. Seit dem Beginn des 19. Jahrhunderts war dieses Hochplateau geheimnisumwittert. Es war, so ging das Gerücht, eine Gegend, wo die Flüsse heißes Wasser führten und wo man seine Uhr nach einem riesigen Geysir stellen konnte, der in bestimmten Abständen 45 Meter hoch emporschoß. Eine Gegend mit einem gläsernen Berg und einem Wasserfall, neben dem sich die Niagarafälle unscheinbar ausgenommen hätten. Eine Gegend, wo man eine Forelle an den Haken bekommen und sie, ohne den Standort zu wechseln, gleich mit der Angel zum Kochen in einen brodelnden Kessel mit heißem Wasser halten konnte. Derlei Geschichten stießen selbst bei den Leichtgläubigen auf Skepsis.

Fünfundzwanzig Tage zuvor hatten diese Männer das Yellowstone-Gebiet betreten. Sie waren durch den Canyon und entlang des großen Binnensees dieses Namens gewandert und dann nach Norden abgebogen, vorbei an dem Geysir, dem sie den Namen »Old Faithful« gaben. Am Ende der zweiten Woche hatte sich Everts, ein fünfundfünfzig Jahre alter amtlicher Taxator, offenbar verlaufen, denn er war nicht mehr zur Gruppe zurückgekehrt. Nach mehreren vergeblichen Suchaktionen hatten die anderen ihn aufgegeben und sich auf den Rückweg gemacht. Am letzten Abend im später so benannten Yellowstone National Park richteten sich ihre Gedanken auf die Zukunft. Hätte es ihrer Mentalität entsprochen, so hätten diese Männer nach damaligem Brauch das Gebiet in Besitz nehmen können, um es wirtschaftlich auszubeuten. Im nächsten Grundbuchamt hätten sie nach dem Homestead Law völlig legal Anspruch auf dieses Paradies erheben und es anschließend rücksichtslos ausbeuten können. Unter normalen Umständen hätte sicherlich die Habgier obsiegt. An diesem Abend jedoch begann sich aufgrund eines merkwürdigen Zaubers aus Rauch und Sternenlicht ein anderer Weg abzuzeichnen. Doch bevor wir diesen beschreiben, wollen wir erst wieder die Professoren zu Wort kommen lassen.

Ureinwohner in aller Welt haben von jeher bestimmte Landformen für heilig erachtet. Aber Landschaftsschutz als ethische Forderung wurde in *Amerika* zum erstenmal in den zwanziger und dreißiger Jahren des 19. Jahrhunderts von den Transzendentalisten erhoben. »Im Wald ist ewige Jugend«, schrieb Ralph Waldo Emerson, der Großmeister jener Bäume umarmenden Schar von Dichtern, Utopisten und Philosophen. »Im Wald kehren wir zu Vernunft und Glaube zurück ... Die Ströme des Universellen Seins zirkulieren in mir ...« Nur wenige von Emersons abgearbeiteten Landsleuten teilten diese erhabenen Gefühle. Die ersten Jahrhunderte Amerikas wurden mit der Axt gehauen; wir waren stets ein Volk gewesen, das beim Anblick eines Baumstumpfes an Fortschritt dachte. Um 1830 war jedoch die Wildnis zusehends im Schwinden begriffen, und der eine oder andere machte sich Gedanken darüber, was da im Namen des Fortschritts geopfert wurde. Aber die Erkenntnis, wie sehr die Wildnis unseren Nationalcharakter geformt hatte, kam zu spät, als daß im Osten noch viel von unserem nationalen Erbe zu retten gewesen wäre. Dort war fünf Jahre zuvor der letzte Bison erlegt worden. Wapitihirsche, Wölfe, Pumas und Bären wurden immer seltener. Die großen, einst nach Milliarden zählenden Schwärme der Wandertauben waren den Flinten zum Opfer gefallen. Wäre der schlammige Mississippi der Burggraben des Landes gewesen, die Nationalpark-Idee wäre nie verwirklicht worden. Zum Glück gab es noch ein anderes Reich jenseits des Stroms, und in der weiten Landschaft des Westens, der wahren Neuen Welt, fand der Gedanke seinen Geburtsraum.

Die Professoren würden vielleicht widersprechen, aber wir sind überzeugt, daß der Nationalpark-Gedanke dem Westen wesensgemäß war, daß er dieser majestätischen Landschaft innewohnte und nur auf jemanden wie George Catlin wartete, der 1832 mit dem Dampfer den Mississippi hinauffuhr, um ihn zu entdecken. Catlin sollte später als Maler, Volkskundler und Reisender in eigener Sache berühmt werden (einmal bereiste er Europa mit einer Tasche voller Gemälde und zwei lebenden Grizzlybären), doch damals war er noch ein unbekannter Künstler, der darauf hoffte, »die Anmut und Schönheit der Natur« einfangen zu können, ehe sie von der vorrückenden Zivilisation zerstört wurde. In Fort Pierre, South Dakota, sah Catlin, wie Sioux-Krieger Bisons abschlachteten, um sie gegen Whiskey zu verschachern. Zutiefst verzweifelt stieg er auf eine Anhöhe, entfaltete eine Karte der Vereinigten Staaten und überlegte, was man tun könne, um das Unvermeidliche abzuwenden. »Zahlreich sind die wilden, urtümlichen Werke der Natur, denen es bestimmt ist, unter der todbringenden Axt und den verwüstenden Händen des Ackerbau treibenden Menschen zu fallen«, schrieb er und fügte in einem Anflug von Genialität hinzu: »Warum kann man nicht den Indianer, den Bison und ihr wildes Heimatland in einem *prachtvollen Park* unter Schutz stellen ... Welch ein schönes, aufregendes Musterstück, das Amerika da bewahren könnte, um es verständigen Menschen im eigenen Land und in aller Welt in künftigen Zeiten vor Augen zu führen! Ein *Volkspark* für Mensch und Tier in all der wilden Frische ihrer natürlichen Schönheit.«

Im Jahre 1858 wiederholte jener selbsternannte »Inspektor der Schneestürme«, Henry David Thoreau, der im Osten das Verschwinden der Wildtiere miterlebt hatte,

FIREHOLE RIVER, YELLOWSTONE

Catlins These im *Atlantic Monthly*: »Warum sollten wir nicht ... unsere nationalen Schutzgebiete haben ... in denen der Bär und der Puma und sogar einige aus der Rasse der Jäger ... weiterhin existieren können ... zur Inspiration und zu unserer wahren Regenerierung?« Niemand achtete groß auf ihn. So einflußreich Thoreau später werden sollte, seinen Zeitgenossen galt er nicht viel. (Zu seinen Lebzeiten mußte dieser, der sparsamste aller Männer, dessen Worte später so manches Preislied auf unsere Nationalparks zieren sollten, einen Schuppen mieten, um darin die unverkäuflichen Exemplare seiner Bücher unterzubringen.)

Einer, der Thoreaus Artikel gelesen haben könnte, war Horace Greeley, Chefredakteur der *New York Tribune*. Bei einem Aufenthalt in Kalifornien besichtigte Greeley auch das Yosemite Valley und einen Wald von Riesen-Mammutbäumen ganz in der Nähe. Das Tal, so teilte er seinen Lesern mit, sei »das ungewöhnlichste und majestätischste unter allen Wundern der Natur«. Diese Bäume, so schrieb er, seien »schon ansehnlich gewesen, als David vor der Lade Gottes tanzte, als Salomon den Grundstein zu seinem Tempel legte, als Theseus in Athen herrschte, als Äneas aus den brennenden Ruinen des bezwungenen Troja floh ...« Wir spüren hier einen Hauch jener Unsicherheit, die damals viele Amerikaner ob der Geschichtslosigkeit ihres jungen Landes empfanden. Dieser Zweifel sollte das Bestreben nähren, Amerikas »Erddenkmäler« und seine »natürlichen Altertümer« zu bewahren, denn konnten nicht die Mammutbäume die Säulen unseres nicht vorhandenen Parthenons und der Grand Canyon unser Kolosseum sein? In seinem Bemühen, zu verhindern, daß Yosemite demselben Krämergeist zum Opfer fiel, der die Niagarafälle, das größte Naturwunder des Ostens, in eine abgeschmackte Touristenattraktion verwandelt hatte, erhielt Greeley Unterstützung von Frederick Law Olmstead, dem bekannten Landschaftsarchitekten, der sich in Kalifornien erholte, nachdem er den New Yorker Central Park fertiggestellt hatte. Im Jahre 1864, zehn Monate vor seiner Ermordung, unterzeichnete Abraham Lincoln ein Gesetz, mit dem das Yosemite Valley und rund zehn Quadratkilometer Wald mit Mammutbäumen in der Nähe zu einem staatlichen Naturschutzgebiet erklärt wurden. Yosemite wurde dadurch zum Vorbild für das, was ein paar Jahre später mit Yellowstone geschehen sollte.

Aber zurück zu unserem Lagerfeuer. Niemand weiß, was wirklich an jenem Abend gesagt wurde, doch angeblich meinte der Rechtsanwalt Cornelius Hedges aus Montana, es dürfe »kein Privateigentum an irgendeinem Teil des Yellowstone-Gebiets geben, sondern das Ganze sollte vielmehr zum Nationalpark erklärt werden ...« Er trug sein Anliegen so beredt vor, daß alle Männer bis auf einen sich bereit erklärten, auf dieses Ziel hinzuarbeiten. Nach ihrer Rückkehr in die zivilisierte Welt wurden Hedges', Washburns und Langfords glühende Schilderungen von Yellowstone in Zeitungen im ganzen Land veröffentlicht. Die Phantasie der Nation wurde noch zusätzlich angeregt, als nach siebenunddreißig Tagen in der Wildnis Truman Everts lebend aufgefunden wurde!

Die tragikomische Geschichte seiner Prüfungen ist in den Annalen des Überlebens ohne Beispiel. An dem Tag, als er die Gruppe verloren hatte, entlief dem Kurzsichtigen das Pferd, das seine Decken, seine Pistolen, sein Gewehr, seine Angelausrüstung und seine Zündhölzer trug. Auf der Suche nach dem Pferd verlor Everts seine Brille. Später büßte er dann auch noch seine beiden Messer und einen Schuh ein. Bei Nacht hielt er sich warm, indem er sich in heiße Quellen setzte. Einmal schlief er ein und verbrühte sich die Hüfte. Ein andermal mußte er sich vor einem Kuguar auf einen Baum retten. Und einmal verbrachte er eine Nacht in der Höhle eines Bären. Er ernährte sich von kleinen Fischen und Distelwurzeln, doch zweimal mußte er fünf Tage lang fasten. Als er darauf kam, daß er seinen Feldstecher als Brennglas benutzen konnte, entfachte er einen Waldbrand, in dem er um ein Haar umgekommen wäre. In einer Halluzination erschien ihm ein Priester und gab ihm den Rat, den Weg zurückzugehen, den er gekommen war. Als er gefunden wurde und

UPPER GEYSER BASIN, YELLOWSTONE

jemand ihn fragte: »Sind Sie Everts?«, gab der völlig abgemagerte Mann zur Antwort: »Ja, das, was von ihm übrig ist.«

Nicht zuletzt dank des Aufsehens, das Everts' Eskapade erregte, wurde Yellowstone zu einer *cause célèbre*. Siebzehn Monate später, am 1. März 1872, unterzeichnete Präsident Ulysses S. Grant ein Gesetz, das dem Innenminister auftrug, »sämtliche Bäume, Bodenschätze und natürlichen Sehenswürdigkeiten innerhalb des genannten Parks vor jedweder Schädigung oder Beeinträchtigung zu bewahren« und dafür zu sorgen, daß »Wild und Fische nicht gefangen oder mutwillig vernichtet« würden. Leider – und dies sollte später als Präzedenzfall dienen – stellte der Kongreß keine Mittel für den Betrieb des neuen Parks zur Verfügung, genehmigte aber immerhin 10 000 Dollar für den Ankauf des Gemäldes *Grand Canyon of the Yellowstone* von Thomas Moran. Das zwei mal viereinhalb Meter große Bild wurde in der Lobby des Senats aufgehängt, wie um darzutun, daß ein neuer Gedanke die nationale Bühne erobert hatte.

Es war etwas Wundersames: daß eine rastlos betriebsame, auf materiellen Profit erpichte junge Nation, deren Menschen wie Heuschrecken über jungfräuliches Land herfielen, sich die Zeit genommen hatte, einen von so spiritueller Weisheit gelenkten Blick in die Zukunft zu werfen.

FREEMAN TILDEN

Yellowstone war der erste Nationalpark Amerikas, und man möchte gern annehmen, es habe sich dabei um so etwas wie ein großes ökologisches Erwachen gehandelt. Doch das war in Wirklichkeit nicht der Fall. Als Lincoln das Gesetz unterzeichnete, das den Sklaven in den Südstaaten die Freiheit brachte, wurde dies als moralische Wende in der Geschichte der Nation angesehen. Yellowstone schien dagegen nur eine kurze Pause zwischen zwei Gängen zu sein, nicht mehr als ein Abtupfen der Lippen in dem »Großen Grillfest«, wie es der Historiker Vernon Parrington später nannte.

Der blindwütige Ansturm auf die natürlichen Ressourcen des Westens nach dem Sezessionskrieg war der Höhepunkt eines Prozesses, an dessen Beginn die Trapper mit ihren Biberfallen standen. Im Jahre 1872 zogen noch etwa fünfzehn Millionen Bisons über die Great Plains. Ein Jahrzehnt später waren es kaum noch tausend. Schätzungsweise ein bis zwei Millionen Bisons wurden von 1872 bis 1875 pro Jahr von kommerziellen Jägern erlegt, die mit ihren Spezialgewehren ein Tier auch auf große Entfernung töten konnten. Die Jäger zogen den Bisons das Fell ab, schnitten ihnen die Zunge heraus und ließen das übrige Fleisch zum größten Teil einfach liegen. In Fort Worth wurden die auf den Abtransport wartenden Bisonfelle in hohen, mehrere hundert Meter langen Stapeln gelagert. Hinter dieser Massenabschlachtung stand der Mythos von der Überfülle, der berauschende Glaube, der Reichtum des Westens an Wildtieren, Wäldern und Bodenschätzen sei unerschöpflich. Die neuen Maschinen der Industriellen Revolution machten es möglich, daß die Orgie sich selbst nährte: Während die Eisenbahnen ihre Tentakel nach Westen ausstreckten, mästeten sich die Bautrupps an Bisonfleisch, und in den Lokomotiven wurden täglich siebzigtausend Festmeter Holz verfeuert.

Vor diesem Hintergrund rücksichtslosen Raubbaus mutet Yellowstone wie eine Verirrung an. Warum wurde das Gesetz dann verabschiedet? Da das unwirtliche Plateau noch keine Holzfäller, Bergleute oder Viehzüchter angelockt hatte, gab es kaum organisierten Widerstand. Zwar hatte noch kein Staatsdiener die Geysire, Schlammlöcher und sonstigen »Launen der Natur« mit eigenen Augen gesehen, die durch die Einrichtung des Nationalparks geschützt werden sollten, doch wurden Fotografien von William Henry Jackson in der Rotunde des Kapitols ausgestellt. Das waren überzeugende Beweise: Selbst ein gutmütiger Schwachkopf konnte erkennen, daß es sich bei dem Gebiet um etwas Besonderes handelte. Zeitungen, Zeitschriften und, was vielleicht noch wichtiger war, Jay Cooke, ein mächtiger Financier, der sich den Nationalpark als Argument für den Bau seiner Northern Pacific Railroad wünschte, machten sich für das Vorhaben stark.

Für die Abgeordneten stellte sich das Ganze letztlich nur als Frage der Flächennutzung dar. Und genaugenommen ging es auch eben darum: um eine Verordnung zur Nutzung von Land, deren langfristige Konsequenzen nicht abzusehen waren. Das Gesetz lief auf den Vorschlag hinaus, ein Gebiet größer als Rhode Island und Delaware zusammen von der Besiedelung auszunehmen und es gewissermaßen zu einem Erholungsgebiet zu erklären. Einigen Senatoren war nicht ganz wohl bei dieser Vorstellung. In der Debatte äußerte Cornelius Cole von Kalifornien seine Zweifel: »Die Geysire werden bleiben, gleichgültig, wem das Land gehören mag, und ich sehe nicht ein, warum Siedler ferngehalten werden sollten … Ich bin nicht der Ansicht, daß es vernünftig oder angemessen ist, ein großes Stück Land dieser Art in den Territorien der Vereinigten Staaten zu einem öffentlichen Park zu erklären.«

Wäre das Gesetz als Präzedenzfall erkannt worden, hätte man es sicherlich genauer unter die Lupe genommen. Zum Glück aber wurde Yellowstone nicht als Beispiel und Vorbild, sondern als *Ausnahme* verstanden. Aller Wahrscheinlichkeit nach, so dachte man in Washington, würde der erste Nationalpark der Welt auch ihr letzter sein. Letzten Endes profitierte Yellowstone von jener Warum-nicht-klingt-doch-ganz-gut-Stimmung, die ganz selten einmal bei parlamentarischen Entscheidungen herrscht.

Aus der Rückschau betrachtet, war die Verabschiedung des Gesetzes in fünffacher Hinsicht bemerkenswert. Erstens war die Einrichtung des Yellowstone National Park das Ergebnis einer Erweiterung des demokratischen Ideals. Zweitens wurde das Gebiet nicht für ein oder zwei Jahrzehnte, sondern für immer diesem Zweck gewidmet. Drittens wurde das Gebiet nicht wegen seiner utilitaristischen Vorzüge – seiner Holzbestände, Bodenschätze und Wildtiere –, sondern als Vorratskammer spiritueller und ästhetischer Annehmlichkeiten unter Schutz gestellt. Viertens war die Größe des jeder normalen Nutzung entzogenen Gebiets bemerkenswert; es ging nicht nur um ein paar Hektar rund um Old Faithful und andere Sehenswürdigkeiten, sondern um mehr als achttausend Quadratkilometer. (Yellowstone ist nach wie vor der größte Nationalpark in den »Lower 48«, also den festländischen US-Staaten mit Ausnahme Kanadas.) Und fünftens wurde insoweit juristisches Neuland betreten, als anerkannt wurde, daß Yellowstone – und damit auch andere unberührte Naturlandschaften – es verdiente, so erhalten zu werden, wie Gott es geschaffen hatte. Zweieinhalb Jahrhunderte nach der Landung der Mayflower hatten die Amerikaner endlich einen Ort gefunden, den sie für heilig halten konnten und in seinem natürlichen Zustand belassen wollten.

Auch wenn das Gesetz nur seinen erklärten Zweck erreicht hätte, wäre es schon bemerkenswert. Wie ein Wunder mutet dagegen an, was es nebenbei noch alles bewirkte. Niemand sah damals Yellowstone als den Beginn eines ganzen Systems von Nationalparks, aber als eben dies sollte es sich schließlich erweisen. Niemand sah den Nationalpark als ein Tierreservat, in dem Grizzlybären und die letzten Bisons eines Tages einen Zufluchtsort finden würden, doch eben dies geschah. Niemand dachte daran, daß das Gesetz zum Schutz von »Wildwassern«, »bedrohten Arten« oder eines »Ökosystems« gemacht worden sei – Jahrzehnte sollten vergehen, bevor diese Begriffe ins öffentliche Bewußtsein drangen –, doch eben diese Funktion erhielt es. Und schon gar nicht hätte irgend jemand geahnt, daß das Gesetz etwas zu einem Wandel in den ethischen und moralischen Grundauffassungen beitragen würde, der im Laufe der Zeit unweigerlich zu einem tiefgreifenden Wandel in der Einstellung der Amerikaner zu Mutter Erde führen würde – von der Einstellung von Plünderern zu der von Pflegern und Bewahrern. Hier begann sich die Nation von veralteten ausbeuterischen Praktiken der Landnutzung zu emanzipieren, die, wären sie fortgesetzt worden, nicht wiedergutzumachenden Schaden an unseren schönsten Landschaften angerichtet hätten. Damit Yellowstone wild bleiben konnte, mußten wir uns selbst zähmen.

Die eben erst flügge gewordene Idee setzte schon bald zu einem Flug um die Welt an. Im Jahre 1876 richtete Mexiko den Nationalpark El Desierto de los Leones bei Mexiko Stadt ein. Im Jahre 1885 gründete Kanada den Banff National Park. (»Wenn wir die Landschaft nicht exportieren können, müssen wir die Touristen importieren«, sagte damals der Präsident der Canadian Pacific Railroad.) Zwei Jahre später erklärte ein Maori-Häuptling das Vulkangebiet Tongariro in Neuseeland zu einem Nationalpark, unter der Bedingung, daß das Land nie verkauft, zweckentfremdet oder ausgebeutet würde. Im Jahre 1889 richtete König Leopold II. von Belgien einen Nationalpark in Belgisch-Kongo ein. Südafrika gründete 1898 den späteren Krüger-Nationalpark. Mehr als doppelt so groß wie Yellowstone, enthält dieser Park die ganze Vielfalt afrikanischer Tierwelt, darunter Impala, Gepard, Elefant, Kudu, Nashorn, Leopard und Löwe. (Die Nordgrenze des Parks bildete ein Fluß, den Rudyard Kipling in einer seiner Kindergeschichten verewigt hat – der »große graugrüne, fettige Limpopo«.) Obwohl die echte Wildnis in Europa schon vor langer Zeit verschwand, begannen nach der Jahrhundertwende viele

EL CAPITAN, YELLOWSTONE

Länder, ihre noch verbliebenen Naturlandschaften zu schützen. Schweden richtete 1909 zwei Nationalparks ein, in der Schweiz wurde 1914 einer gegründet. Und im Jahre 1918 führte Wladimir Iljitsch Lenin den Nationalpark-Gedanken in der Sowjetunion ein.

Unterdessen wartete dieser Gedanke in seinem Ursprungsland auf seinen Barden, also auf jemanden, der den anderen, immer mehr verstädternden Amerikanern die Herrlichkeiten dieser neuen Geographie vor Augen führen könnte. Er fand diesen Barden in John Muir. In Schottland geboren, aufgewachsen auf einer Farm in Wisconsin, war Muir ein Wunderkind, ein technisches Genie, dem es vorherbestimmt schien, sein Glück als Erfinder zu machen – bis er bei einem Unfall in einer Kutschenfabrik beinahe das Augenlicht verlor. Nach diesem Ereignis wandte er sich der Natur zu. Nachdem er über tausend Meilen weit durch den Süden getrampt war, wo er sich die Malaria holte und beinahe gestorben wäre, landete Muir schließlich in der Sierra Nevada und arbeitete dort als Schafhirte.

Muir war, darüber waren sich seine Hirtenkollegen einig, ein seltsamer Kauz. Stundenlang konnte er schwarze Ameisen beobachten und Kiefernzapfen vermessen. Er unterhielt sich mit Bäumen und anderen Pflanzen, schrieb mit Mammutbaumsaft Briefe an Freunde. Er erforschte Wasseramseln und Waldratten und fertigte Zeichnungen vom Tanz der Grashüpfer an. Bekümmert darüber, was seine wolligen Pfleglinge – »Heuschrecken mit Hufen« nannte er sie – mit den Gebirgsmatten anrichteten, kehrte Muir dem Hirtendasein den Rücken. Er ging nach Yosemite und arbeitete dort in einem Sägewerk. Seine Freizeit verbrachte er in der umgebenden Wildnis, wo er schon bald begriff, daß die Menschen Zeugen der Schöpfung sein konnten, wenn sie ihr nur ihre Sinne öffneten. Für Muir waren Tiere und Pflanzen, ja sogar Steine und Wasser »Funken der Göttlichen Seele«.

Verglichen mit heutigen Tourengehern hatte Muir nur die dürftigste Ausrüstung und lebte wahrhaft spartanisch. Er schlief auf der Erde, nicht auf einer Thermarest-Unterlage. Er hatte kein Zelt. Oft biwakierte er ohne Decken an einem kleinen Lagerfeuer, döste auf nackten Gletscherfelsen. Seine Nahrung bestand aus Brot, Hafermehl und Tee und nur gelegentlich etwas Käse oder Dörrfleisch. In dem Bestreben, seine Sinne bis an die äußersten Grenzen auszuweiten, suchte Muir die innige Berührung mit den Kräften der Natur, auch wenn es dazu nötig war, den Wipfel einer windgebeugten Tanne zu erklimmen, bei Schneesturm im Freien zu schlafen, um die Schneeflocken auf dem Gesicht zu spüren, oder im Mondschein an den Rand eines Felsabsturzes zu kriechen, um einen Wasserfall zu betrachten. Als er einmal in der High Sierra auf einen toten Bären stieß, schrieb er: »Gefangen in den Tretmühlen des Lebens, verstecken wir uns vor den Lehren der Natur. Wir schauen ... auf unsere mit nahtloser Schönheit bekleidete Welt und sehen nur wilde Tiere ... [aber] Bären sind aus demselben Staub gemacht wie wir ...«

Da er die Spaltung zwischen Mensch und Natur in seinem eigenen Leben überwunden hatte, war Muir der ideale Apostel, der seinen Landsleuten helfen konnte, es ihm gleichzutun. Im Jahre 1871 stieg er von den Höhen herab, um gegen die unerhörte Verblendung zu kämpfen, die Welt sei ausschließlich für den Menschen geschaffen. An die Adresse derer gerichtet, die Mammutbäume nur in Festmetern zu schätzen wußten, schrieb Muir: »Zweifellos würden diese Bäume gutes Nutzholz abgeben, sobald sie einmal durch ein Sägewerk gegangen wären, so wie George Washington, wäre er durch die Hände eines französischen Küchenchefs gegangen, sicherlich einen wohlschmeckenden Braten abgegeben hätte.« Für den Rest seiner Tage verschrieb sich Muir dem Kampf um die Erhaltung von »Gottes ersten Tempeln«. Mit seinen Schriften erwirkte er Unterstützung für die Einrichtung der Yosemite, Sequoia und Kings Canyon National Parks im Jahre 1890. Zwei Jahre später gründete Muir eine Organisation zur Verfechtung und Erweiterung der Nationalpark-Idee. Es war dies der Sierra Club, dessen ungeschriebene Satzung Muirs Glaubenssatz war, daß unverdorbene Wildnis »das eine große Bedürfnis«

JEDIDIAH SMITH REDWOODS

unserer Zivilisation sei. Als Muir am Weihnachtstag 1914 starb, war seine Überzeugung, daß die schönsten Naturlandschaften unversehrt erhalten bleiben sollten als Zufluchtsstätten für den menschlichen Geist, zu einem der Grundgedanken des Naturschutzes geworden. Zu seinen Lebzeiten war er maßgeblich an der Einrichtung von sechs wunderbaren Parks beteiligt – Sequoia, Yosemite, Mount Rainier, Crater Lake, Glacier und Mesa Verde. Der letztere war übrigens der erste Nationalpark, der nicht zur Bewahrung landschaftlicher Schönheiten, sondern zum Schutz einzigartiger historischer und kultureller Denkmäler errichtet wurde.

Weltweit nahm die Anzahl der Nationalparks von Muirs Todesjahr bis etwa 1960 stetig zu, um von da an sogar steil in die Höhe zu schnellen. Die sechziger und siebziger Jahre waren für die Nationalparks in den Vereinigten Staaten zwei besonders erfolgreiche Jahrzehnte. In den sechziger Jahren wurden nicht weniger als vier neue Parks gegründet: Petrified Forest, Canyonlands, Redwoods und North Cascades. In den Siebzigern kamen Gudadalupe Mountains, Capitol Reef, Badlands und Arches hinzu. Und im Jahre 1980 verdoppelte Jimmy Carter mit einem Federstrich die Gesamtgröße aller amerikanischen Nationalparks, als er die Alaska National Lands Conservation Act unterzeichnete.

Das U. S. National Park System wurde zum Vorbild für 125 ähnliche Systeme, die rund 1300 Nationalparks mit einer Gesamtfläche von rund 530 000 Quadratkilometern umfassen, was etwa drei Prozent der Erdoberfläche entspricht. (Der größte Nationalpark liegt in Grönland und ist größer als Texas.) Die Idee hat sich genauso schnell weiterentwickelt, wie sie sich ausbreitete, und in aller Welt finden wir heute neben »klassischen«, auf dem Naturschutzgedanken beruhenden Nationalparks auch solche, die zur Bewahrung eines archäologischen, historischen oder kulturellen Erbes gegründet wurden.

Die Amerikaner sind mit Recht stolz darauf, den Nationalpark erfunden zu haben, doch legt der Eifer, mit dem andere Länder die Idee übernommen haben, den Schluß nahe, daß der Yellowstone National Park vielleicht nur die erste konkrete Äußerung des tief sitzenden, in der Industriellen Revolution entstandenen menschlichen Bedürfnisses ist, den Kontakt mit der natürlichen Welt, der wir entstammen, nicht zu verlieren. »Vielleicht ist der Geist doch nicht bloß eine leere Tafel ...« schrieb der große Naturforscher Joseph Wood Krutch, der den Grand Canyon sehr gut kannte. »Vielleicht greift er vielmehr spontan nach allem, was entweder die Intelligenz oder die Phantasie zu nähren vermag. Vielleicht ist er Teil der Natur und teilt ihre Intentionen, ohne daß man es ihn lehren muß.«

Erklärt dies die erstaunlich rasche Verbreitung des Nationalparkgedankens und die Beliebtheit der Nationalparks? Hat die Menschheit in unserer Landschaft Platz für Nationalparks geschaffen, weil uns die Wildnis im Blut liegt?

> *Denn die Tiere sollen nicht am Menschen gemessen werden. In einer Welt, die älter und vollkommener ist als unsere, bewegen sie sich mit sicherer Vollkommenheit, begabt mit einer Verfeinerung der Sinne, die wir verloren oder nie erlangt haben, geleitet von Stimmen, die wir nie hören. Sie sind keine Brüder, sie sind keine minderen Wesen; sie sind eine andere Nation ...*
>
> HENRY BESTON

Wenngleich die ursprünglichen Beweggründe für die Einrichtung von Nationalparks anthropozentrisch waren und ihre Anlage den Bedürfnissen von Menschen und nicht denen von Tieren folgte, haben sich die Parks dennoch als unersetzliches Refugium für wildlebende Tiere erwiesen. Vom Haleakala-Krater auf Hawaii bis zu den Küsten von Arcadia in Maine sind die amerikanischen Nationalparks ein unschätzbarer Schutzraum für die einheimischen Pflanzen und Tiere Nordamerikas. Jeder Nationalpark ist auf seine Art ein amerikanisches Eden. Auf der Fahrt mit dem Bus durch den Denali National Park hat der Besucher eine Chance von 80 Prozent, Elche, Karibus, Dall-Schafe und Grizzlybären zu Gesicht zu bekommen. In den Great Smokies allein finden sich mehr Baumarten als in ganz Europa. Der Olympic National Park beherbergt einen der letzten erhaltenen Regenwälder der gemäßigten Zone. Das uralte Menuett zwischen Timberwölfen und Elchen geht im Isle Royale National Park immer noch weiter. Seehunde, Seeotter und große Schwärme von Seevögeln durchpflügen die nebelverhangenen Gewässer des Kenai Fjord National Park. Wie kann dieses biologische Erbe erhalten werden?

Bei der Einrichtung des Yellowstone National Park wurde diese Frage nur am Rande erörtert. Der Kongreß ernannte zwar einen Direktor, verweigerte aber kleinlich die Mittel, die für regelmäßige Patrouillen erforderlich gewesen wären. (»Nicht einen Cent für schöne Aussichten!« schrien die Volksvertreter gerne, wann immer das Thema zur Sprache kam.) Wilderei war in den ersten Jahren an der Tagesordnung, und im Jahre 1886 wurde eine Abteilung der Kavallerie entsandt, um die Ordnung wiederherzustellen. Die Soldaten übernahmen die Aufsicht über den Park, bis 1916 der National Park Service gegründet wurde. Die neue Behörde sollte »die Landschaft, die natürlichen und historischen Objekte und die Tiere des Gebiets bewahren und dergestalt für ihren Genuß durch den Menschen sorgen, daß sie auch für künftige Generationen unversehrt erhalten bleiben«. Das war ein weit gefaßter Auftrag, in dem Zweideutigkeiten und Konflikte zwischen Naturschutz und Naturnutzung angelegt waren, die niemals zu überwinden sein werden.

Die zweiundzwanzig Soldaten, die als die ersten Ranger des Nationalparks fungierten, gaben sich Mühe, die natürlichen Ressourcen auf vernünftige Weise zu verwalten, aber die Hege von Tierbeständen steckte damals noch in ihren Anfängen, und so wurden zwangsläufig Fehler gemacht. Getreu der Maxime, daß der Mensch als Krone der Schöpfung alles am besten wisse, versuchten die Verantwortlichen vom National Park Service, das natürliche Gleichgewicht dadurch zu erhalten, daß sie gelegentlich den Daumen auf die Waagschale legten. In der Praxis bedeutete dies, daß »wilde« Brände gelöscht und »schädliche« Tiere wie Wölfe, Kuguare und Kojoten ausgerottet wurden, während man die »guten« Tiere, vor allem Wapitihirsche und Bisons, hegte und pflegte. Es kam, wie es kommen mußte: Die Wälder wurden immer dichter, und die Wildpopulationen explodierten.

Heute, Jahrzehnte später, fangen wir nach vielen Versuchen und Irrtümern gerade erst an, das Ökosystem Yellowstone zu durchschauen. Noch können wir nicht sagen: »Wir wissen, wie Yellowstone funktioniert.« Wir wissen es nicht. Natürliche Prozesse sind weitaus komplizierter, als man früher annahm. Es gibt in diesem Ökosystem so viele im Geheimen wirkende Rückkopplungsschleifen, daß wir diese vielfältigen Zusammenhänge wahrscheinlich nie ganz durchschauen werden. (Zu selten wird die eigentlich wichtige Frage gestellt: Wie kommt es, daß wir, obwohl unsere Versuche, »Gott zu spielen«, in den Nationalparks so regelmäßig zu überraschenden und oft unguten Resultaten geführt haben, nach wie vor überheblich genug sind, uns überall auf der Erde diese Rolle anzumaßen?)

Dadurch, daß sie den Mythos von der Allwissenheit des Menschen ad absurdum führen, erteilen uns die Nationalparks eine unschätzbare Lektion. Aus dieser Erkenntnis heraus hat der Park Service in jüngerer Zeit Hochmut durch Demut ersetzt. »Hände weg« lautet heute die Devise – obwohl man auch wieder nicht alle Entscheidungen an Mutter Natur delegieren kann. Ob es einem gefällt oder nicht, die Verwalter der Parks reichen hin und wieder der Evolution eine helfende Hand. Sollten wir Wölfe und andere Raubtiere in denjenigen Parks wiedereinbürgern, in denen sie fehlen? Feuer kann ein belebendes Element sein (Mammutbäume etwa können ohne es nicht keimen); sollten wir also durch Blitzschlag ausgelöste Waldbrände sich selbst überlassen? Sollten wir womöglich hin und wieder sogar Brände *entfachen*, und wenn ja, wann? Und wie halten wir exotische, in einen Nationalpark eindringende Arten wie Wildschweine in den Great Smoky Mountains oder Ziegen auf Hawaii unter Kontrolle? Das sind die kniffligen Fragen, mit denen sich die Verwalter der Parks heute herumschlagen müssen.

Die Nationalparks entstanden im neunzehnten Jahrhundert aus dem Bestreben heraus, landschaftliche Schönheiten unter Schutz zu stellen, aber auf dem Weg ins zwanzigste Jahrhundert sind neue Aufgaben hinzugekommen. In den letzten Jahrzehnten wurde die Nationalpark-Idee mit den Problemen der Bevölkerungsexplosion und der weltweiten Umweltzerstörung konfrontiert. Die Verwaltungen der Nationalparks mußten neue Pflichten übernehmen – vor allem solche im Zusammenhang mit dem Schutz bedrohter Arten und der Erhaltung der biologischen Vielfalt. Der National Science Foundation zufolge wird »das Tempo der Ausrottung in den kommenden Jahrzehnten mindestens auf das Tausendfache der normalen Rate steigen … und schließlich zum Verlust von mindestens einem Viertel der auf der Erde lebenden Arten führen«. Den Nationalparks fällt eine bedeutende Rolle in der Abwendung dieser Katastrophe zu; die Hoffnung, daß viele bedrohte Arten vor dem Aussterben gerettet werden können, ruht heute sogar zum großen Teil ausschließlich auf den Nationalparks. Es gibt dafür zwar einen Präzedenzfall – um die Jahrhundertwende suchten die letzten zwanzig Bisons in den Vereinigten

REGENWALD AM CARBON RIVER, MOUNT RAINIER

Staaten Zuflucht im Yellowstone National Park –, aber die Grenzen der Parks wurden bisher stets nach Kriterien festgelegt, die wenig oder nichts mit ökologischen Überlegungen zu tun hatten. Die ersten Nationalparks lagen fast ausschließlich im Hochgebirge. Bis 1930 schloß keiner der schon bestehenden Nationalparks Wälder in tieferen Regionen, Feuchtgebiete, Grasland oder Küstengebiete ein. Erst 1933 erkannte der Park Service, daß »unser größtes natürliches Erbe vielleicht nicht nur in landschaftlichen Schönheiten ... sondern in der Natur selbst liegt, mit all ihrer Komplexität und Lebensfülle«. Die Einrichtung des Everglades National Park ein Jahr später setzte ein Zeichen. Kernstück war hier zum erstenmal nicht ein landschaftliches Juwel, sondern ein Ökosystem. Trotzdem gab es auch da noch Skeptiker, die nach der Notwendigkeit eines Nationalparks für einen »Schlangensumpf« fragten.

Mit 5600 Quadratkilometern sind die Everglades die größte erhaltene subtropische Wildnis in den Vereinigten Staaten und nach Yellowstone der zweitgrößte Nationalpark der »Lower 48«. Aber das Gebiet ist immer noch zu klein, um eine autarke biologische Einheit zu bilden; tatsächlich ist es nur etwas größer als das Heimatrevier eines einzigen männlichen Florida-Pumas. Überhaupt ist keiner der Nationalparks, ausgenommen einige in Alaska, groß genug, um die Reviere aller innerhalb seiner Grenzen lebenden Tiere zu umfassen. Die Everglades veranschaulichen auch noch etwas anderes: Wenn wir bedrohte Arten und ökologische Gesundheit noch für die nächsten hundert Jahre oder länger retten wollen, müssen auch natürliche Prozesse geschützt werden, die *außerhalb* der Parks selbst ablaufen. Beispielsweise sind die Populationen von Watvögeln in den Everglades infolge menschlicher Eingriffe in den Wasserkreislauf um 95 Prozent gesunken. Zur Zeit läuft ein Versuch, den natürlichen Wasserhaushalt der Region wiederherzustellen. Schlägt er fehl, werden möglicherweise alle lebenden Symbole dieses Nationalparks – Rosalöffler, Rotwölfe, Florida-Pumas – binnen weniger Jahrzehnte verschwunden sein. Den Park wird es dann natürlich immer noch geben, aber eine eindrucksvolle Landschaft ist ein hohler Wert, wenn die ökologische Integrität dahin ist. Zum Glück ist der Everglades National Park eine Ausnahme, zumindest für den Augenblick. Die anderen amerikanischen Nationalparks sind in besserer Verfassung. Viele Experten sind sogar der Ansicht, wenn biologische Vielfalt irgendwo auf der Welt eine Chance habe, dann in Nordamerika, wo ein größerer Prozentsatz des Landes für Nationalparks und andere Naturschutzgebiete abgezweigt wurde als auf irgendeinem anderen Kontinent.

Die Verwaltung eines Nationalparks ist letzten Endes eher eine kreative als eine administrative Aufgabe, eher Kunst als Wissenschaft. Die langfristige Gesundheit der Parks wird davon abhängen, ob wir lernen, »wie ein Berg zu denken«, wie es Aldo Leopold einmal formuliert hat. In Zukunft muß der Park Service besser mit den Eigentümern angrenzender Ländereien und anderen Stellen zusammenarbeiten, um aus dem heutigen Stückwerk jeweils ein ökologisches Ganzes zu machen. Zumindest im Hinblick auf die größeren, weit umherstreifenden Raubtiere hat sich die Illusion vom Nationalpark als »Arche« zerschlagen. Der Florida-Puma wird nicht überleben, wenn er auf die Everglades beschränkt wird. Weder der Glacier noch der Yellowstone National Park ist groß genug für eine Grizzly-Population, die auf viele Jahrhunderte hinaus lebensfähig wäre. Die Folgerung liegt auf der Hand: Wenn wir wollen, daß die Natur innerhalb von Nationalparks am Leben bleibt, müssen wir dafür sorgen, daß sie auch draußen überlebt.

In den ersten Jahrzehnten war der Tourist in den amerikanischen Nationalparks ein rarer Vogel. Heute strömen dagegen in viele Parks Besucherscharen, die durch ihre schiere Größe einerseits neue Probleme heraufbeschwören und andererseits neue Chancen eröffnen. Als Anziehungspunkte sind die Nationalparks so erfolgreich, wie es ursprünglich niemand zu hoffen gewagt hätte.

Im Jahre 1883, während der alljährlichen Debatte des Kongresses über die Frage, ob Mittel für den Unterhalt von Yellowstone genehmigt werden sollten, meldete sich

SUMPFLILIE, EVERGLADES

Senator George G. Vest von Missouri zu Wort. Auf einen Vorschlag, Yellowstone solle vermessen und dann verkauft werden, erwiderte er, ein Volk, das eines Tages über 150 Millionen zählen werde, brauche den Nationalpark »zum Atemholen«. Da die Bevölkerungszahl damals 53 Millionen betrug und die wenigen Touristen, die Yellowstone besuchten, eine 370 Kilometer weite, beschwerliche Reise im Pferdewagen auf sich nehmen mußten, warfen Vest vieler seiner Kollegen maßlose Übertreibung vor.

Aber die Geschichte hat ihm recht gegeben. Während die Bevölkerungszahl 250 Millionen überschritten hat und die Verkehrsmittel sich verbessert haben, kletterten die Besucherzahlen in den Nationalparks in schwindelnde Höhe. Im Jahre 1951 wurden 37 Millionen Besucher gezählt, 139 Millionen waren es im Jahre 1967 und 260 Millionen im Jahre 1991. (In anderen Ländern verläuft der Trend ähnlich: der Krüger-Nationalpark zählte 1926 ganze drei Besucher, 1936 schon fast 34 000 und Anfang der neunziger Jahre drei Millionen.) Dank Flugzeugen und Autos liegen die Nationalparks jetzt praktisch vor unserer Haustür. Man kann heute in Boston oder Tokio sein und morgen im Big Bend National Park. Fünfzig Millionen Menschen leben nur eine Tagesreise vom Shenandoah, 20 Millionen fünf Stunden von Yosemite entfernt. Manche Parks sind mittlerweile schon sehr überlaufen. Im Jahre 1993 besuchten 4,3 Millionen Menschen den Grand Canyon. Yellowstone lockte 3,2 Millionen Besucher an, Yosemite 3,5 Millionen, Rocky Mountain 2,7 Millionen. Auch in entlegenen, weniger bekannten Nationalparks sind die Besucherzahlen gestiegen – im Denali beispielsweise seit 1970 auf das Zwanzigfache. Ausländische Besucher kommen immer zahlreicher. An manchen Sommertagen stammen 40 Prozent oder mehr der Besucher im Grand Canyon aus Übersee.

Obwohl die »hinteren« Bereiche weniger Menschen anlocken als die »vorderen«, sind nicht nur Straßen, Parkplätze und Besucherzentralen überfüllt. Rafting im Grand Canyon wurde beispielsweise im Jahre 1952 von 19 Besuchern betrieben. Zwanzig Jahre später waren es 16 000, und reichlich verspätet hat der Park Service jetzt ein Quotensystem eingeführt. Die Wartezeit für private Interessenten beträgt inzwischen sieben Jahre. Langfristige Planung tut not: Melden Sie sich heute an fahren Sie im nächsten Jahrhundert los. Sogar der Luftraum über dem Canyon wird bedrohlich eng: Der South Rim (Südrand) verzeichnet doppelt so viele Starts und Landungen wie der National Airport von Washington, D. C., Zusammenstöße in der Luft sind zu einer akuten Gefahr geworden, und das Brummen der Flugzeuge und das Schrapp-schrapp-schrapp der Hubschrauber ist allgegenwärtig.

Wann ist die »Kapazitätsgrenze« eines Nationalparks erreicht? Obwohl Vertreter des Park Service diesen Ausdruck ablehnen, kann man kaum noch umhin, diese Frage zu stellen. Kann ein Nationalpark von Touristen genauso »überweidet« werden wie eine Wiese von Kühen? Wie viele Menschen können gleichzeitig eine bestimmte Aussicht genießen? Wenn die Besucherzahlen weiterhin exponentiell steigen (und bis zum Jahre 2010 wird eine Verdoppelung prognostiziert), ist dann irgendwann ein Punkt erreicht, an dem man die Tore schließen muß?

Schwer zu sagen. Wann sich jemand durch allzu viele Mitmenschen eingeengt fühlt, ist relativ. Viel hängt von den Erwartungen und vom kulturellen Hintergrund ab. Ein Besucher aus Japan, wo ein einziger Nationalpark jährlich bis zu 85 000 Besucher verkraften muß, wird vielleicht den South Rim nicht einmal im Hochsommer als überlaufen empfinden. Andererseits wird dieselbe Menschen- und Fahrzeugdichte so manchen altgedienten Besucher vielleicht zur Verzweiflung treiben. Aber daß die Nationalparks tatsächlich überlaufen sind, läßt sich nicht leugnen. Den Zutritt zu manchen Nationalparks zu beschränken, etwa durch ein Reservierungssystem, ist dem Park Service (und den Reiseveranstaltern) von jeher ein Greuel gewesen, aber die Wirklichkeit sieht so aus, daß im Grand Canyon und in den anderen »Kronjuwelen« bereits eine Rationierung stattfindet. Zu Spitzenzeiten muß beispielsweise der South Rim über

REFLECTION LAKE, MOUNT RAINIER

dreißigtausend Besucher täglich verkraften. Es sind aber nur Betten und Campingplätze für einige Tausend vorhanden. In der Sommersaison sind die Campingplätze in vielen Parks schon gegen Mittag belegt; einem ahnungslosen Familienvater, der um halb sechs Uhr abends mit seiner Familie eintrifft, bleibt dann nur die Umkehr. Wenn man dafür mit einem weniger hektischen Besuch rechnen könnte, würde die Öffentlichkeit ein Reservierungssystem vielleicht gar nicht so lautstark ablehnen, wie der Park Service es befürchtet. Touristen buchen ja auch Flüge, Hotelaufenthalte und Leihwagen im voraus. Wäre also eine telefonische Buchung eines Aufenthalts in einem Nationalpark wirklich eine Zumutung?

In vielen Nationalparks sind das eigentliche Problem nicht die vielen Menschen, sondern die Massen von Autos. Im Jahre 1915 tauchten die ersten Automobile in Yellowstone auf. Ihre Besitzer mußten die Wagen an der Parkgrenze an einen Baum anketten und mit der Kutsche ins Innere fahren. Schon vier Jahre später fuhren rund 10 000 Autos mit 40 000 Insassen durch den Park, und seither sind die Zahlen ständig gestiegen. Zumindest anfangs war die Erfindung des Autos ein Segen für die Nationalparks. Autos machten einen Besuch im Nationalpark für Millionen mittelständischer Familien erst erschwinglich. Glacier und andere abgelegene Nationalparks waren nun nicht mehr die Domäne reicher Leute von der Ostküste, die sich die Eisenbahnfahrt in den Westen und Luxushotels leisten konnten. Aber die unzähligen Autos, die heute durch die Tore fahren, bedrohen eben die Qualitäten, zu deren Bewahrung die Nationalparks geschaffen wurden. Abgesehen von ihren physikalischen Auswirkungen – Abgase, Zusammenstöße mit Tieren, Staus – beeinträchtigen die Autos auch die Erlebnisqualität eines Parks. Die Menschen suchen die Parks auf, um, jeder auf seine Art, Zwiesprache mit Mutter Erde zu halten. Aber Staunen und Ehrfurcht sind Gemütsbewegungen, die sich mit Lärm und Krach schlecht vereinbaren lassen. In vielen Nationalparks sind sie durch hektischen Verkehr und erstickende Abgase an die äußersten Ränder abgedrängt worden. In den Great Smoky Mountains werden alljährlich fast 3,6 Millionen Fahrzeuge gezählt, und an Tagen mit Hochbetrieb geht oft gar nichts mehr. Untersuchungen haben ergeben, daß ein Besucher im Durchschnitt siebenmal soviel Zeit im Auto wie im Freien verbringt. Und 16 Prozent der Besucher stellen überhaupt nie den Motor ab!

Es ist üblich, die Besucher als eine einzige große Horde zu sehen. Aber wenn Menschen sich der Mühe unterziehen, in einen Nationalpark zu fahren, stehen sie ja hinter dem Nationalpark-Konzept. Das eigentliche Problem mit der Überfüllung liegt nicht darin, daß die Besucher Umweltschäden im Park anrichten (solche Schäden kommen vor, sind aber immer lokal begrenzt), sondern daß es von einer bestimmten Besucherzahl an einfach keinen Spaß mehr macht. In dem Maße, wie die Flut der Menschen und Autos anschwillt und Straßen, Parkplätze und Wege überschwemmt, wächst die Neigung des Park Service, die Nutzung des Parks zu »kanalisieren«. An der zweispurigen Straße zum Jenny Lake im Grand Tetons National Park gab es früher Rastplätze, auf denen man zwischendurch parken konnte, um zu fotografieren oder Picknick zu machen. Inzwischen hat der Park Service die Einfahrten zu den Rastplätzen mit großen Felsbrocken blockiert, so daß man nur noch auf dem großen Parkplatz am Ende der Straße parken kann. Von dort aus werden die Besucher durch Schilder zu einem Weg dirigiert, der am Seeufer entlangführt. Die Landschaft dort ist himmlisch – scheinbar zum Greifen nahe ragen die Tetons vor einem auf. Also alles bestens, könnte man meinen – bis man genauer hinsieht. Um die Schäden durch die vielen Fußgänger in Grenzen zu halten, wurde der Weg asphaltiert. Und damit die Leute, die unbedingt an den Wildblumen riechen wollen, nicht die Büsche zertrampeln, wurde der Weg außerdem *eingezäunt*.

Letzten Endes besteht das Problem nicht darin, daß die Parks überlaufen sind oder die Menschen mit dem Auto hinfahren. Im Gegenteil, es ist lobenswert, daß so viele Menschen sie sehen wollen. Bedauerlich ist nur, daß so wenige die Gelegenheit

PROJEKTIERTER NATIONALPARK DEATH VALLEY

wahrnehmen, ihren Besuch über die bloße Besichtigung hinaus zu einem *Erlebnis* werden zu lassen.

Etwas wartet, still verloren.
Geh und such es hinterm Berge –
Etwas wartet im Geheimen.
Geh und such es. Geh!
RUDYARD KIPLING

Das letzte Mal, daß ein Präsident der Vereinigten Staaten eine Nacht im Freien verbrachte und auf der Erde schlief, war höchstwahrscheinlich 1903, als Teddy Roosevelt nach Yosemite kam. Vor seiner Reise hatte er John Muir geschrieben und den Wunsch geäußert, »die gewaltige Großartigkeit dieser Landschaft aus würdigerer Umgebung zu sehen als von einer Hotelterrasse oder einer Kutsche aus«. Am ersten Tag ritten die beiden Männer auf Maultieren tief in den Park hinein. In der Nacht kampierten sie in einem Hain von Riesen-Mammutbäumen. »Es war klares Wetter«, schrieb Roosevelt. »Wir lagen unter freiem Himmel, und die riesigen zimtbraunen Stämme erhoben sich über uns wie die Pfeiler einer gewaltigeren und schöneren Kathedrale, als sie jemals ein menschlicher Baumeister ersonnen hat.« Am nächsten Tag ritten sie durch den Wald zu einem Aussichtspunkt, von dem aus man einen schönen Blick auf den Half Dome hatte. Hier flüchteten sie sich vor einem aufziehenden Schneesturm unter die Äste einer Silbertanne und hüllten sich für die Nacht in Zeltplanen und Decken. Am Morgen schüttelten die beiden Männer den Schnee ab und ritten ins Tal hinunter, wo Roosevelt verkündete: »Das war der schönste Tag meines Lebens!«

Roosevelts Begeisterung enthält eine Lektion für uns alle. Sein Aufenthalt war deshalb so denkwürdig, weil er den Versuch unternahm, Yosemite gewissermaßen von innen heraus zu erleben. Das entspricht unseren eigenen Erfahrungen. Unsere intensivsten, beglückendsten Momente in Nationalparks haben wir immer dann erlebt, wenn es uns gelang, »die Schwelle zu überschreiten«, uns in die Landschaft des Parks einzufügen als Teilnehmer am grandiosen Festzug des Lebens. Wir denken an das Gewitter, das wir im Zion unter einem überhängenden Felsen überstanden, während vor uns ein Blitz in eine spitze Sandsteinsäule fuhr, und an die jähe Springflut, die dann folgte und in Sekundenschnelle den Canyon unter uns füllte. Daran, wie wir vor einem kleinen Floß knieten und uns darauf vorbereiteten, die Horn Creek Rapid hinunterzufahren, mit einem neunjährigen Enkel, dessen Hand dicht neben unserer die Sicherheitsleine umklammerte. An die Ruine im Chaco, bei deren Betrachtung wir an die Männer und Frauen denken mußten, die den Stein aus dem Berg gebrochen und die Dachbalken auf den Schultern aus einem hundert Kilometer entfernten Wald herbeigetragen hatten. Und an den verstorbenen Bates Wilson, den unvergleichlichen Ranger, mit dem wir im Jeep in die Canyonlands fuhren, lange bevor sie zum Nationalpark erklärt wurden, und dessen Liebe zu dieser gepeinigten Landschaft andere veranlaßte, sie unter Schutz zu stellen.

Mit diesen Beispielen wollen wir keineswegs die reine Besichtigungstour verteufeln. Auch wir haben schon viele Stunden nur besichtigt. Die Nationalparks *sind* eindrucksvoll, und sie nur zu sehen kann schon eine Bereicherung sein. Es ist durchaus möglich, ein visionäres Erlebnis zu haben, wenn man mit einem Hamburger in der einen Hand und einer Kamera und einer Postkarte in der anderen am Rand des Grand Canyon steht. Das kommt wahrscheinlich sogar jeden Tag vor. Aber in der Regel läßt das, was man von der Straße aus zu sehen bekommt, nur vage ahnen, was alles dahinter liegt. Eine schöne Aussicht ist nur eine Art Gobelin. Um eine Landschaft für sich zu erobern, muß man den prächtigen Gobelin beiseite schieben und in die dahinterliegenden Räume gelangen.

Der Mensch hat fünf Sinne. Warum wird in den Nationalparks einer davon so sehr betont? Gewiß, der Grand Canyon ist phantastisch anzuschauen – aber man kann ihn auch spüren, hören, schmecken, riechen. Man kann mehr über das unauslotbare Alter des Canyons und die Kräfte erfahren, die ihn schufen, indem man mit den Fingern über ein drei Milliarden Jahre altes Stück vom Fluß glattgeschliffenen Schiefer streicht, als durch zahllose Halte an Aussichtspunkten.

Das Rezept für das Überschreiten der Schwelle ist nicht kompliziert. Die erste Zutat ist die Zeit. Man braucht Zeit, um die Parks kennenzulernen. Der beliebte Sport, in einem einwöchigen Urlaub möglichst viele Parks »abzuhaken«, ist verfehlt. Man hat mehr davon, wenn man die eine Woche dafür verwendet, einen Park etwas näher kennenzulernen. Die zweite Ingredienz ist Aufmerksamkeit. Um die Parks mit Geist, Körper und Seele zu erfassen, muß man sich konzentrieren. Die dritte Zutat ist Mut. Es gibt nicht nur einen Grand Canyon, es gibt einen Grand Canyon für jeden von uns, den nur jeder für sich selbst entdecken und erforschen kann. Das verlangt ein gewisses Maß an Entschlossenheit, die Bereitschaft, sich einen eigenen Plan zurechtzulegen, ob man nun Wildblumen fotografieren oder früh aufstehen möchte, um den Sonnenaufgang zu sehen.

Manche Freunde der Nationalparks meinen, es sei unangebracht, noch mehr Menschen zu Fußwanderungen zu animieren – das würden die Wege nicht verkraften, und es sei besser, die Touristenhorden auf den asphaltierten Flächen zu halten, dicht bei ihren Autos. Aber jeder, der weiß, was die Parks den Menschen zu bieten haben, sollte es als seine Pflicht ansehen, andere zur gründlicheren Erkundung der Parks zu ermuntern. Die Wahrheit ist, daß den meisten Parkbesuchern immer die nötige Neugier, Muße, Neigung, Ausrüstung oder Übung fehlen wird, sich weiter von den Straßen zu entfernen. Es gibt im Glacier National Park über anderthalbtausend Kilometer Wege; man braucht sich also keine Sorgen zu machen, das Hinterland könnte »zu Tode geliebt werden«. (Die Benutzung der Wanderwege ist in vielen Nationalparks in den letzten zehn bis fünfzehn Jahren sogar *zurückgegangen*. Die Wanderlust der sechziger und siebziger Jahre ist vorbei; die Baby-Boom-Leute haben jetzt Kinder, und die Knie tun ihnen weh.) Eine andere früher verbreitete Sorge – daß die Parks zu »bloßen Erholungsgebieten« verkommen würden – ist ebenfalls überholt. Zwar erinnern einige mit Touristen überlaufene Gebiete inzwischen an ein nachgemachtes Disneyland, aber das Erstaunliche im Jahre 1992 war nicht, wieviel von den Parks den Straßen, Hotels und sonstigen Erschließungsmaßnahmen geopfert wurde – in Yellowstone waren es beispielsweise nur zwei Prozent, in Yosemite fünf Prozent –, sondern wieviel davon als Wildnis erhalten werden konnte.

Die ersten als »Wildnis« ausgewiesenen Naturschutzgebiete waren Wälder, die der Forstverwaltung unterstanden. Vielleicht ist dies der Grund, weshalb so viele Menschen »Wildnis« nicht mit den Nationalparks in Verbindung bringen. Aber von den rund dreihunderttausend Quadratkilometern, die dem National Park Service unterstehen, wurde bereits knapp die Hälfte als »Wildnis« ausgewiesen, für rund dreißigtausend Quadratkilometer wurde eine entsprechende Empfehlung ausgesprochen, und weitere hunderttausend Quadratkilometer werden daraufhin geprüft, ob sie die Kriterien der »Wildnis« erfüllen. Grob geschätzt befinden sich achtzig Prozent unserer Nationalparks im Urzustand. Dieses Reich unberührter Natur atmet mit den Jahreszeiten – es dehnt sich im Winter aus und zieht sich im Sommer zusammen. Im Juli ziehen Wanderer scharenweise durch die sonnige High Sierra von Sequoia und Kings Canyon, aber im Januar kann man dort tagelang auf Skiern unterwegs sein, ohne einem einzigen Menschen zu begegnen und ohne auf einer Strecke von über 500 Kilometern auch nur eine einzige geräumte Straße überqueren zu müssen. Viele Parks – Capitol Reef, North Cascades, Gates of the Arctic, um nur ein paar zu nennen – bestehen praktisch zur Gänze aus Wildnis. Der Grand Canyon verzeichnet jeden Sommer so viele Besucher, wie Wrangell-Saint Elias, unser größter Nationalpark, in einem *Jahrzehnt*. Ein beruhigender Gedanke: Dank den Nationalparks gibt es viele Gegenden auf dieser Erde, wo immer noch Einsamkeit und Ruhe herrschen und der Mensch unbedeutend ist.

Nach landläufiger Meinung sind Wildnis-Gebiete die Domäne kräftig gebauter junger Menschen. Auf manche trifft das auch zu. Andere sind dagegen durchaus zugänglich, an einem oder zwei Tagen zu Fuß, mit Kanu oder Floß oder, in Alaska, mit Kajak, Hundeschlitten oder Kleinflugzeug zu erreichen. Mit etwas Phantasie und Planung kann man auch mit kleinen Kindern und Großeltern die Schwelle zur Wildnis überschreiten. Und auch Körperbehinderte brauchen nicht abseits zu stehen: Doppelseitig Gelähmte haben schon Glacier Bay mit dem Kajak, Noatak auf Flößen und Voyageurs und Big Bend mit Paddelbooten erkundet. Zugegeben, es bedarf einiger Gewöhnung, damit man an der Erkundung einer Wildnis Geschmack findet, und das ist mit Anstrengung verbunden. Aber die Anstrengung lohnt sich. Die Nationalparks sind großzügig: Was man aufwendet, um sie kennenzulernen, bekommt man vielfach zurück. Man braucht nicht die Veranlagung eines John Muir, um den Pulsschlag der urtümlichen Erde zu spüren oder die Wahrheit seines Ausspruchs zu erkennen, daß »der wahrhaftigste Weg ins Universum durch einen Wald im Urzustand« führt. Das Kosmische mag in den Parks nicht am Wegrand liegen, aber es ist auch nicht allzu schwer zu finden. Man wird immer wieder

PROJEKTIERTER NATIONALPARK MOJAVE DESERT

Augenblicke der Klarheit, der Erkenntnis, ja der Erleuchtung erleben. Mit ein wenig Anstrengung kann jedermann erfahren, was die Schriftstellerin Mary Austin um die Jahrhundertwende als den »Blitz gegenseitigen Erkennens« bezeichnete, die »Wechselwirkung« zwischen dem menschlichen Geist und dem Geist des Landes.

Unsere Menschen haben immer noch nicht ganz begriffen, welch reiches Erbe sie da besitzen. Unsere Menschen sollten dafür sorgen, daß diese Schätze für ihre Kinder und Kindeskinder in all ihrer unverdorbenen majestätischen Schönheit erhalten bleiben.

THEODORE ROOSEVELT

Jedes Preislied auf die Nationalpark-Idee, das in den letzten zwanzig Jahren veröffentlicht wurde, schließt mit einem warnenden Hinweis auf dunkle Wolken am Horizont. Diese Wolken sind inzwischen aufgezogen, und man kann heute die Gefahren, die den Nationalparks drohen, nicht mehr mit ein paar Sätzen abtun.

Die Welle der Nationalpark-Gründungen in diesem Jahrhundert ebbt allmählich ab. Jetzt ist letzte Gelegenheit, neue Nationalparks zu schaffen, bevor Bevölkerungswachstum und andere Ansprüche endgültig einen Riegel vorschieben. Die Epoche des Erwerbs geht zu Ende, aber die Epoche der Zerstörung hat vielleicht gerade erst begonnen. Niemand, dem die Nationalparks am Herzen liegen, kann es heute noch für selbstverständlich halten, daß sie auch Bestand haben werden.

Die romantische Vorstellung, Nationalparks seien auf ewig geschützte Paradiese, ist von jeher eine Illusion gewesen. Es gibt kaum ein Land, dessen Nationalparks nicht zu irgendeinem Zeitpunkt irreparable Schäden zugefügt worden wären. In unserer sich entwickelnden Welt gehen die größten Bedrohungen für die Nationalparks von Armut, Verzweiflung und Kriegen aus. Die Nationalparks Kroatiens sind im dortigen Bürgerkrieg überrannt worden. In Afrika werden Elefanten, Nashörner und andere Wildtiere der Nationalparks regelmäßig von Wilderern erlegt, die auf das Fleisch, das Elfenbein und die Hörner der Tiere aus sind. In Indien holzen hungrige Siedler im Ranthambhore-Nationalpark ganze Wälder ab, um neue Weidegründe zu bekommen. In Pakistan sind es dagegen nicht die Armen, von denen Gefahr für die Nationalparks ausgeht. Dort veranstalten arabische Scheichs luxuriöse Expeditionen, die Zehntausende von Dollar kosten; sie schweben mit Flugzeugen ein, die mit Tankwagen für Öl und Wasser, Dienstboten, Range Rovers und Geierfalken beladen sind, um Jagd auf bedrohte Vögel zu machen. In diesem wie in anderen armen Ländern stehen die Nationalparks weitgehend nur auf dem Papier.

Dank der Wachsamkeit der Naturschützer ist die Lage der amerikanischen Nationalparks nicht so prekär. Trotzdem droht auch unseren Parks tausendfache Gefahr: Interessengruppen drängen darauf, in den Nationalparks die Jagd freizugeben. Öl-, Bergbau- und Holzgesellschaften überschreiten Parkgrenzen. Geothermische Erschließung außerhalb von Yellowstone bedroht die Geysire im Park. Reiseunternehmen, Kreuzfahrt-Reedereien und Charter-Fluggesellschaften werben mit großem Aufwand für Urlaub in den Nationalparks, um ihre Gewinne zu steigern. Rundflüge über den Grand Canyon werden in Las Vegas als Abwechslung vom Blackjack angepriesen. Hurrikane knicken Kiefern in den Everglades. Ölteppiche verschmutzen die Strände im Glacier Bay. Autoabgase schädigen Bäume im Sequoia. Jedes Frühjahr zu Beginn der Schneeschmelze schleichen sich zwielichtige Gestalten ins Hinterland von Yellowstone und hacken Wapitihirschen, die im Winter umgekommen sind, die Geweihe ab. Die »Trophäen« werden mit Packpferden abtransportiert und zusammen mit den Tatzen und Gallenblasen gewilderter Bären als Aphrodisiaka nach Asien exportiert. Aus aufgelassenen Bergwerken sickern Schwermetalle in den Wrangell-Saint Elias. Saurer Regen droht Tausende von Seen in zehn westlichen Nationalparks zu übersäuern. Mungos verdrängen einheimische Tierarten im Channel Islands National Park. Die globale Erwärmung ist nach wie vor eine Bedrohung: Bis zum Jahr 2100 könnten sich die Vegetationszonen dreihundert Kilometer nach Norden verlagert haben – schneller, als die meisten Bäume wandern können. Während die Parks nach und nach in Habitat-Inseln verwandelt werden, fungieren die Parkgrenzen allmählich als »Filter« in einer Richtung: Tiere wandern ab, aber nur wenige kehren zurück.

Der National Park Service, die Behörde, die für die Erhaltung der Parks zuständig ist, hat seine eigenen Probleme. Er wurde stets finanziell kurz gehalten, und die notwendigen, aber bisher unterbliebenen Instandsetzungsarbeiten an Straßen und Infrastruktur der Parks haben inzwischen eine Summe von 2,2 Milliarden Dollar erreicht. Gute naturwissenschaftliche Arbeit ist das Rückgrat jeder Ressourcenverwaltung, aber das wissenschaftliche Programm des National Park Service ist eine einzige Peinlichkeit. Schlechtbezahlte Sommer-Ranger werden in manchen Fällen mit Essensmarken entlohnt. Budgetkürzungen zwingen zur Entlassung zahlreicher »Interpreter« – jener freundlichen Männer und Frauen, deren Aufgabe es ist, Besuchern zu helfen, die Schwelle zu überschreiten. Politische Machenschaften in Washington demoralisieren die engagierte, kompetente Leitung des National Park Service. Konzessionäre handeln Verträge aus, nach denen sie viel nehmen dürfen und wenig geben müssen. Mehr als zu jedem anderen Zeitpunkt seiner Geschichte braucht der National Park Service heute eine starke Leitung und ausreichende Mittel, um die Herausforderungen zu bewältigen, vor die er sich gestellt sieht.

Langfristig könnte in den Vereinigten Staaten wie in anderen Ländern die schwerste Bedrohung für den Fortbestand der Nationalparks die Überbevölkerung werden. Nationalparks werden manchmal als ein Phänomen saturierter Gesellschaften bezeichnet, an dem sich nur die erfreuen können, deren Grundbedürfnisse befriedigt sind. Da daran etwas Wahres ist, sollte man sich die Frage stellen: Wie wird es diesen Heiligtümern in der überbevölkerten, hungernden Welt ergehen, die sich am Horizont abzeichnet? Es gibt heute fünfmal soviel Menschen auf der Welt wie zu der Zeit, als Yellowstone gegründet wurde. Die Weltbevölkerung, die zur Zeit um 250 000 Menschen pro Tag wächst, könnte sich in den nächsten fünfzig Jahren auf elf Milliarden verdoppeln, während die Bevölkerung der Vereinigten Staaten auf 340 Millionen anwächst. Schon heute ist das Antlitz der Menschheit gezeichnet. Von Jahr zu Jahr wächst die Zahl der Flüchtlinge, Heimatlosen und Verhungernden, während die globale Umweltbelastung durch die Industrialisierung immer noch ansteigt. Angesichts dieser Trends erscheint das kommende Jahrhundert wie ein gähnender Abgrund. Können wir ihn unversehrt überqueren? Und, wenn ja, wird es uns gelingen, auch die Parks hinüberzuretten?

Nationalparks stellen einen Pakt mit der Nachwelt dar – und ein Versprechen an sie. Bislang waren wir, mit einigen Ausnahmen, in der Lage, diesen Vertrag einzuhalten. Aber es gibt keine Garantien. Beim nächsten nationalen Notstand könnten Forderungen laut werden, unsere Nationalparks zu plündern. Es gibt Beispiele: Im Ersten Weltkrieg durften Züchter ihr Vieh in vielen Parks des Westens weiden lassen; und im Zweiten Weltkrieg forderte das Militär die Erlaubnis, alte Sitkafichten im Olympic National Park zu fällen. Letzten Endes hängt das Wohl der amerikanischen Nationalparks eng mit dem der Amerikaner zusammen. Wenn schlechte Zeiten kommen ... Nun ja, wir haben schon früher Nutzholz aus Mammutbäumen gewonnen und würden es wahrscheinlich wieder tun. Doch über eine solche Welt darf man gar nicht nachdenken. Sollten wir jemals in eine so verzweifelte Lage kommen, werden wir noch viel mehr einbüßen als unsere Nationalparks.

Zum Glück kann man sich auch eine bessere Zukunft vorstellen. Daß die meisten grandiosen Landschaften dieses Planeten durch die Errichtung von Nationalparks geschützt worden sind, nährt die Hoffnung, daß die Spezies Mensch die Weisheit besitzt, die schlimmsten Folgen des heraufziehenden Sturms zu überstehen, wenn auch nicht vollständig abzuwenden. Die Optimisten hinsichtlich der zukünftigen Entwicklung verteilen sich auf zwei Lager. Das eine Lager behauptet, daß unser Heil in der Technik liegen wird, daß Biotechnik, Gentechnik und menschlicher Erfindungsreichtum dafür sorgen werden, daß die Weltbevölkerung ernährt werden kann und daß wir, sollten alle Stricke reißen, Planeten besiedeln werden, auf denen noch nie ein Lagerfeuer gebrannt hat. In dieser schönen neuen Welt werden natürliche Landschaften vielleicht nicht ganz überflüssig, aber doch noch unwichtiger sein als heute. Die Parks könnte man als angenehme Andenken erhalten, aber sie werden kaum eine Funktion haben. Irgendwann werden sie nur noch altmodische Artefakte, verstaubte Relikte, Gegenstände aus der Rumpelkammer sein. Das andere Lager vertritt die Ansicht, die Nationalparks seien, ebenso wie das Umweltbewußtsein, das sie verkörpern, auf dem richtigen Weg in die Zukunft. Nach dieser Ansicht wird das Umweltbewußtsein stetig zunehmen. Der Mensch wird seine technische Erfindungsgabe nicht dafür einsetzen, der Erde zu entkommen, sondern dafür, die Bevölkerungszahlen zu begrenzen und unschädliche Mittel und Wege zur Erfüllung der Bedürfnisse unserer Spezies zu finden. Dies wird eine neue Art Fortschritt sein, und es wird eine Rückkehr zur Natur mit sich bringen.

COLORADO, GRAND CANYON

Die spirituellen und biologischen Bedürfnisse des Menschen bleiben immer gleich. Die Menschheit wird sich keine neue Heimat auf dem Mars suchen – die Spezies wird hier, auf diesem Planeten, leben oder sterben. (Diejenigen, die von Reisen ins All träumen, sollten einmal ein paar Tage oberhalb der Baumgrenze auf den Gletschern des Mount Rainier verbringen: Die geradezu beseligende Erleichterung, die man verspürt, wenn man wieder ins Grüne hinunterkommt, führt den Glauben, wir könnten uns in der Leere heimisch fühlen, ad absurdum.) In den kommenden Jahrzehnten wird sich das Gesicht des amerikanischen Volkes der Erde zuwenden, so wie sich ein Blatt nach der Sonne dreht, und man wird die Nationalparks für noch kostbarer halten als heute. Erste Anzeichen dieses Wandels der Wertvorstellungen sind heute schon zu sehen: Am Rande des Yellowstone National Park wurde ein Goldvorkommen im Wert von Milliarden Dollar entdeckt, in einem kritischen Grizzly-Habitat. Eine Kontroverse bricht aus. Sollte das Gold abgebaut werden? Gleichgültig, wie die Sache ausgeht, die Freunde des Parks können sich glücklich schätzen, daß die Alternative überhaupt erwogen wird. Jahrtausendelang hat Gold alles andere übertrumpft. Aber das Umweltbewußtsein nimmt zu, und irgendwann werden Grizzlybären und ihre Lebensräume wichtiger sein als Gold.

Die Amerikaner brauchen Nationalparks heute mehr denn je. Wir brauchen sie als Vorposten der Hoffnung, an denen Männer und Frauen Fühlung aufnehmen können mit der Quelle allen Lebens. Wir brauchen sie als Stätten der Erhaltung der biologischen Vielfalt und als Brunnen, aus denen wir saubere Luft und sauberes Wasser schöpfen können. Wir brauchen sie als Schulzimmer, in die wir die Jugend führen, damit sie ihr grünes Erbe schätzen lernt und fortan nach dauerhaften Werten strebt. Und schließlich brauchen wir die Parks als Vergleichsmaßstab, an dem wir unsere künstliche Welt messen können, und als Gegengewicht zu unseren schlimmsten Neigungen.

Manche behaupten, die Nationalpark-Idee sei überholt. Aber die Probleme, vor denen die Parks heute stehen, sind auf die Unreife des Menschen und nicht darauf zurückzuführen, daß der Nationalpark-Gedanke sich überlebt hätte. Die Parks sind nicht nur unterwegs in eine bessere Zukunft, sie weisen auch den Weg in diese Zukunft. Das heißt nicht, daß das Parksystem in hundert Jahren noch genauso aussehen wird wie heute. Alles ist in stetigem Wandel begriffen. Auch die Nationalpark-Idee kann nicht auf ewig unverändert bleiben. Entweder steigen die Werte, die sie repräsentiert, und finden eine größere Zufluchtsstätte im menschlichen Bewußtsein, oder die Parks schrumpfen unter dem Fortschrittsdruck.

Der Fortschritt steht immer noch im Vordergrund. Aber das Rad der Geschichte dreht sich langsam. In den letzten dreißig Jahren hat umweltbewußtes Denken dazu geführt, daß der Mensch sich auf seine Rolle als Pfleger und Bewahrer besonnen hat. Ein direkter Angriff auf die Nationalparks ist nicht mehr zu befürchten. Ein Projekt zum Bau von Dämmen im Grand Canyon, das früher einmal ernsthaft diskutiert wurde, hätte heute keine Chance mehr, verwirklicht zu werden. Statt dessen werden durch die Parks entstandene Wertvorstellungen nach außen getragen. Ein Kraftwerk, das eine Aussicht im Canyon verschandelt, wird umgebaut. Die Betriebsrichtlinien für einen Damm stromaufwärts werden so geändert, daß die Uferzonen und ihre Tiere geschützt werden. In den Great Smoky Mountains tragen Bestimmungen zur Reinhaltung der Luft dazu bei, die Waldbestände zu sichern. Es bilden sich Bürgerinitiativen zum Schutz des Yellowstone National Park. Die Wasserwirtschaft in Süd-Florida wird so geändert, daß die Everglades davon profitieren. Es geht vorwärts.

Die Väter der Nationalpark-Idee konnten seinerzeit die Konsequenzen ihres Tuns nicht abschätzen. Sie konnten nicht ahnen, wie unendlich wertvoll die Nationalparks für künftige Generationen sein würden – in biologischer, ökonomischer und spiritueller Hinsicht. Sie konnten nicht ahnen, daß einmal Zehntausende von Menschen aus den ganzen Vereinigten Staaten, ja, aus aller Herren Länder weite Reisen unternehmen würden, um sie zu sehen. Sie ahnten nicht, daß das Nationalpark-Konzept der Ausgangspunkt für eine liebevollere Beziehung der Amerikaner zu ihrem Land sein würde. Dennoch haben sie, ohne es eigentlich zu wollen, in einem Augenblick der Inspiration ein deutliches Zeichen gesetzt, einen Steinhaufen auf einem Berggipfel errichtet.

Heute, hundert Jahre später, maßen wir uns an, die Form dieses Steinhaufens genau zu kennen, ihn in seiner vollen Größe zu sehen. Aber vielleicht irren wir uns. Vielleicht ist die Nationalpark-Idee wie eine der abblätternden Granitkuppeln von Yosemite immer noch erst im Entstehen begriffen. Vielleicht ist der Steinhaufen höher, heller und weiter weg, als wir denken. Wenn die Parks auch vielleicht heute noch nicht von den meisten Menschen als Heiligtümer gesehen werden, könnte dies trotzdem eines Tages der Fall sein.

Wir haben noch nicht alles begriffen, was uns die Nationalparks zu sagen haben. Wir haben noch nicht all ihre urzeitlichen Mysterien erforscht, noch nicht ihre tiefsten Tiefen ausgelotet. Wir müssen noch weiter gehen auf diesem Weg. Vorwärts gehend, im Einklang mit den Rhythmen der Natur, folgen wir einem schmalen Pfad, der in eine erhabene Richtung führt.

ENTRADA ROCKS IM FIERY FURNACE, SIERRA LA SAL

Die meisten Naturbogen der Welt – bis jetzt sind rund 1700 katalogisiert – sowie eine Unzahl von Felsnadeln, Türmen, balancierenden Felsen und Kuppeln aus Slick Rock *enthält dieser Nationalpark. Es ist eine Landschaft aus Entrada- und Navajo-Sandstein, die zu den größeren Canyonlands gehört. Eingerichtet 1971.*

DOUBLE O ARCH, DEVILS GARDEN

DOUBLE ARCH, FENSTERBEREICH

RIPPEN AUS ENTRADA-SANDSTEIN, DEVILS GARDEN, ARCHES

DOUBLE ARCH, ARCHES

LANDSCAPE ARCH, DEVILS GARDEN

TURRET ARCH, NORDFENSTER

DELICATE ARCH, SIERRA LA SAL

RIMROCK UND SIERRA LA SAL, ISLAND IN THE SKY

In diesem Gewirr aus bizarren Felsgebilden, Canyons, Gräben, Naturbogen, Felsnadeln, prähistorischen Anasazi-Ruinen und Slick Rock *herrschen Stille, Einsamkeit und Zeit. Die Flüsse Green und Colorado vereinigen sich inmitten von Landschaften, die Namen wie The Maze, The Needles, Island in the Sky, Horseshoe Canyon, Cataract Canyon und Deadhorse Point tragen. Eingerichtet 1964.*

DIE ERNTESZENE, FELSBILDER, THE MAZE

WHITE RIM, JUNCTION BUTTE, MONUMENT BASIN

ANGEL ARCH UND MOLAR ROCK, SALT CREEK CANYON

COLORADO AM GOOSENECK

MESA ARCH, ISLAND IN THE SKY

BLICK VON DEADHORSE POINT AUF DEN COLORADO

WATERPOCKET FOLD, HALLS CREEK OVERLOOK

Waterpocket fold ist eine riesige, faltenreiche, 150 Kilometer lange Felswand in der Erdkruste. Das Riff enthält viele Sandsteinmulden, die zeitweise mit Wasser gefüllt sind, und ist gekennzeichnet durch eine spektakuläre Vielfalt von Felskuppeln, Monolithen, Canyons und Naturbogen und -brücken unter einem weiten Wüstenhimmel. Markante Punkte sind Fremont River Gorge, Halls Creek Narrows, Muly Twist Canyon und South Desert. Eingerichtet 1971.

HICKMAN BRIDGE, FREEMONT RIVER CANYON

FELSWÄNDE UND ABSTÜRZE DES CAPITOL REEF, CAPITOL GORGE

LABYRINTH DER HALLS CREEK NARROWS

CLARET-CUP-KAKTUS, CATHEDRAL VALLEY

REGENWASSERTÜMPEL, WATERPOCKET FOLD

TÜMPEL IN EINER KLAMM BEI DER BRIMHALL BRIDGE

MORGENRÖTE, FAIRYLAND POINT

SILHOUETTEN PHANTASTISCHER FELSGEBILDE VOR SUNSET POINT

Surrealistisch geformte Felstürme der rosa Wasatch Formation säumen den Ostrand des Paunsaugunt Plateau, einer Wildnis aus gespenstisch anmutenden Pfeilern, geriffelten Wänden und geradezu barocken Türmen. Erosion durch Regen, Schnee und Eis hat hier Pagoden, Giebel, Minarette, Fenster, Podeste und Tempel geschaffen – phantastische Bilder in ständig wechselnden Licht- und Farbstimmungen. Eingerichtet 1928.

NATURBRÜCKE IN DER WASATCH FORMATION

WURZELWERK EINER GRANNENKIEFER, BRYCE POINT

DIE SILENT CITY UNTERHALB VON INSPIRATION POINT

FOLGENDE SEITE: ROSA FELSEN IN AQUA CANYON

PAPPELN, VIRGIN RIVER, TEMPLE OF SINAWAVA

Vielfarbige, lotrechte Sandsteinwände, tiefe Schluchten – eine Felsen- und Canyon-Landschaft – bilden das überwältigende Kernstück des Zion National Park. Eine Landschaft von majestätischer Schönheit, deren interessanteste Punkte Namen wie Great White Throne, Towers of the Virgin, Temple of Sinawava, West Temple, South Guardian Angel, The Subway, Checkerboard und Kolob tragen. Eingerichtet 1919.

EMERALD POOLS, RED ARCH MOUNTAIN

TÜMPEL AM BODEN DER SUBWAY, LEFT FORK NORTH CREEK

SCHLUCHT DES VIRGIN RIVER

DER GREAT WHITE THRONE

RUINE EINES ANASAZI-VORRATSSPEICHERS UND ANGELS LANDING

NAVAJO-SANDSTEIN, ZION-MOUNT CARMEL HIGHWAY

MENCIUS TEMPLE UND CONFUCIUS TEMPLE, POINT SUBLIME

Zeit und Raum, Erde und Himmel werden scheinbar eins in diesem phantastischsten aller Canyons. Vom Nord- zum Südrand fließt der Colorado, die Quelle dieser Erosionskräfte. Die Namen führen ehrfurchtsvoll zurück in die Vergangenheit bis zur 1,9 Milliarden Jahre alten Inner Gorge – Osiris, Ra, Isis, Vishnu, Buddha, Brahma, Confucius, Krishna, Rama und Bright Angel. Ein Weltnaturerbe. Eingerichtet 1919.

SCHNEESTURM ÜBER DEM SÜDRAND DES GRAND CANYON

LAVA FALLS, COLORADO, TOROWEAP

GRAND CANYON, COLORADO, TOROWEAP

THUNDER SPRINGS, NORTH RIM

WOTANS THRONE UND VISHNU TEMPLE, MATHER POINT

MONDAUFGANG UND MOUNT HAYDEN, POINT IMPERIAL

DER MOUNT HAYDEN VON POINT IMPERIAL, NORTH RIM

OSIRIS TEMPLE, KALKSTEINFENSTER, SOUTH RIM

FOLGENDE SEITEN: BRIGHT ANGEL CANYON TEMPLES

QUERSCHNITT DURCH EINEN VERSTEINERTEN BAUMSTAMM, RAINBOW FOREST

Eine farbenfrohe Wüste und in buntes Gestein verwandelte Bäume prägen diese uralte Landschaft mit der weltgrößten Konzentration an versteinertem Holz. Dinosaurier streiften hier inmitten fossiler Pflanzen aus der 200 Millionen Jahre zurückliegenden Trias umher. Regenbogenfarbiger Quarz ersetzte das Holz der urzeitlichen Araukarien, die sich bis heute als riesige fossile Stämme erhalten haben. Eingerichtet 1962.

STILISIERTE PETROGLYPHE, NEWSPAPER ROCK

PEDESTAL LOGS, BLUE MESA

FREILIEGENDER VERSTEINERTER BAUMSTAMM, BLUE MESA

BRUCHSTÜCK EINES VERSTEINERTEN BAUMSTAMMS, BLUE MESA

LONG HOUSE, WETHERILL MESA

TÜR IM LONG HOUSE, WETHERILL MESA

Die Anasazi, »die Alten«, lebten von 550 bis 1270 n. Chr. in den guterhaltenen Cliff dwellings und Pueblos. Durch Jahrhunderte der Stille sprechen die Behausungen in den Sandstein-Canyons von Mesa Verde beredt von den Errungenschaften im Gemeinschaftsleben, in Kunst und Handwerk als dem schönsten Ausdruck menschlicher Kultur im alten Amerika. Der Park wurde 1906 eingerichtet und ist ein Weltnaturerbe.

SPRUCE TREE HOUSE, CHAPIN MESA

KIVAS, SPRUCE TREE HOUSE

KIVA UND MAUERRUINEN, MUG HOUSE, WETHERILL MESA

YUCCA AM RAND, LONG HOUSE, WETHERILL MESA

CLIFF PALACE, WINTER, CHAPIN MESA

KUPPELBILDUNG, CAVEMAN JUNCTION, GROSSER RAUM

Kalkreiche Feuchtigkeit hat Tropfen für Tropfen, Kristall für Kristall, die wundersamen Gebilde dieser Höhlen entstehen lassen: die Stalaktiten, Stalagmiten, Säulen, Anemolithe, Sintervorhänge, Sinterbecken und Höhlenperlen in Carlsbad, einer höchst eindrucksvollen unterirdischen Formenwelt unter der Chihuahua-Wüste. Den Schlüssel zur Entstehungsgeschichte birgt ein langes Kalksteinriff, das heute freiliegt und den Namen Guadalupe Mountains trägt. Eingerichtet 1930.

TEMPLE OF THE SUN AND BUDDHA, GROSSER RAUM

CHRISTBAUM-GEBILDE, NEW CAVE

YUCCA UND FEIGENKAKTUS, EL CAPITAN

Eine Landschaft aus Felsen, Dornengestrüpp und Licht: Die Guadalupe Mountains, einst ein fossiles Riff im Meer, sind eine faszinierende Mischung von Rocky-Mountain- und Chihuahua-Wüsten-Wildnis, in der Kakteen, Agaven und Yuccas sich an eine lebensfeindliche Umwelt anpassen, unterhalb mit Kiefern, Tannen und Pappeln bestandener Höhenzüge, die durch verschiedenartige, kühle, steile Canyons voneinander getrennt sind. Eingerichtet 1972.

HERBSTLICHE SPIEGELUNGEN, NORTH McKITTRICK CANYON

IGELSÄULENKAKTUS,
GUADALUPE MOUNTAINS

GIPSDÜNEN VOR DEN GUADALUPE MOUNTAINS

EL CAPITAN, GUADALUPE MOUNTAINS

HERABGESTÜRZTE FELSBLÖCKE IM McKITTRICK CANYON, HERBST

YUCCAS IM SALT BASIN, GUADALUPE MOUNTAINS

THE WINDOW VON THE BASIN, CHISOS MOUNTAINS

Der Rio Grande macht in der Chihuahua-Wüste eine riesige hufeisenförmige Biegung. Die Indianer sagten, der Große Geist habe nach der Erschaffung der Erde alle übriggebliebenen Felsen über Big Bend fallengelassen. Der Santa Elena, der Mariscal und der Boquillas Canyon legen ein grünes Band durch die Wüste – eine Wüste, die oft mit bunten Blumenteppichen geschmückt ist. Eingerichtet 1994.

TORREY-YUCCA-BLÜTE, ABEND, CHISOS MOUNTAINS

SANTA ELENA CANYON DES RIO GRANDE

MORGENNEBEL ÜBER DEM RIO GRANDE

BLUMEN UND FEIGENKAKTEEN BEI CROTON SPRING

AUSTARIERTER FELSBLOCK IN DEN GRAPEVINE HILLS

AGAVEN, SÜDRAND DER CHISOS MOUNTAINS

ERDBEER- UND CLARET-CUP-KAKTEEN IN BLÜTE

OCOTILLO, CHISOS MOUNTAINS, NACH EINEM EISREGEN

WABENARTIGE FORMATIONEN (»BOXWORK«), WIND CAVE

Gewaltige Kräfte schufen die Kalksteinspalten in den Black Hills, durch die Wasser einsickern und das Gestein auflösen konnte, so daß ein Höhlenlabyrinth entstand. An der Oberfläche finden sich Gelbkiefernwälder und die Prärie der westlichen Great Plains. Eingerichtet 1903.

»POPCORN« UND ANEMOLITHE, HÖHLENDECKE

ERDPYRAMIDEN MIT DECKSTEIN, NORTH UNIT

Dieser Park bewahrt das Andenken an einen amerikanischen Präsidenten, der sich sehr um die Nationalparks verdient gemacht hat. Außerdem bewahrt er die außergewöhnliche Landschaft der North Dakota Badlands. Eingerichtet 1978.

GRASLAND, LITTLE MISSOURI RIVER

Fossilien aus dem Oligozän – dem goldenen Zeitalter der Säugetiere – liegen in den South Dakota Badlands frei an der Erdoberfläche. Sie tragen den Namen The Wall. Der Nationalpark ist außerdem ein Überbleibsel einer der größten Prärien der Welt. Eingerichtet 1978.

MONDUNTERGANG UND ERODIERTE LEHMSCHICHTEN AM CEDAR PASS

FRÜHLINGSBLUMEN, THE PRAIRIE WINDS AREA

GRÄSER AUF DEN HIGH PLAINS, STRONGHOLD UNIT

DIE BADLANDS BEI SONNENAUFGANG, CEDAR PASS

Ein Mosaik von Seen, Bächen und zahlreichen Inseln bildet dieses nördliche Waldgebiet an der Grenze zwischen USA und Kanada, eine Huldigung an das Zusammenspiel von Land und Wasserwegen. Franko-kanadische voyageurs *befuhren diese Gewässer Ende des 18. und Anfang des 19. Jahrhunderts mit ihren Birkenrinden-Kanus im Auftrag von Handelsgesellschaften. Eingerichtet 1975.*

AHORN, KABETOGAMA LAKE, KABETOGAMA NARROWS

TEICHROSEN UND SCHACHTELHALM,
KABETOGAMA NARROWS

MOOSBEWACHSENE GRANITKUPPEL,
ASH RIVER TRAIL

KANADISCHER HARTRIEGEL, CLINTONIEN UND BIRKENSTAMM

Ein Archipel in der Wildnis – Seen und Wälder – liegt in der Nordwestecke des Lake Superior. Man fährt mit dem Boot in den Nationalpark und kann dann auf Pfaden weiterwandern, um die natürlichen Rhythmen von Licht und Dunkel zu erleben. Die letzte große Vereisung in Wisconsin hat diese Insellandschaft geglättet, gerundet und poliert. Eingerichtet 1931.

BIRKENWALDRAND, WASHINGTON HARBOR

ELCHGEWEIH, LAKE RITCHIE

ABENDSTILLE, ROCK HARBOR

MORGENRÖTE BEI THREE MILE, LAKE SUPERIOR

STALAKTITEN, STALAGMITEN UND SÄULEN IN DER MAMMOTH CAVE

Die Mammoth Cave, ein Kalksteinlabyrinth aus wabenartigen Gängen, ist das größte bekannte Höhlensystem der Welt. Die bizarren Gebilde tragen Namen wie Broadway, Fat Man's Misery, Bottomless Pit, Ruins of Karnak, Frozen Niagara und Moonlight Dome. Der Park wurde 1941 eingerichtet und ist Weltnaturerbe und Internationales Biosphärenreservat.

SINTERFORMATIONEN IN DER MAMMOTH CAVE

SINTERFAHNEN IM DRAPERY ROOM

DWARF CYPRESS STRAND, EVERGLADES

Eine bedrohte subtropische Wildnis – Riedgras-Prärie, Mangrovensumpf und dichter tropischer Laubwald – ist die Heimat des Alligators an der Südspitze der Everglades. Big Cypress ist ein Mosaik aus sandigen Inseln, Bauminseln, Naß- und Trocken-Prärien, Sümpfen und Küstenmangroven. Die Parks wurden 1947 und 1974 eingerichtet und sind Welt-naturerbe und Internationales Biosphärenreservat.

ALLIGATOREN, ROBERTS STRAND, BIG CYPRESS

SABAL-PALMEN, SHARK RIVER SLOUGH

SONNENAUFGANG IN PINE GLADES, PA-HAY-OKEE

ROBERTS STRAND IM BIG CYPRESS SWAMP

SUMPFLILIEN, PINELANDS, PA-HAY-OKEE, EVERGLADES

RIEDGRAS-NASSPRÄRIE, BIG CYPRESS RESERVE

MOUNT LE CONTE, WESTSEITE, HERBST

Die Gletscher der Eiszeit machten vor den Smokies halt, wodurch ein großartiges Mosaik botanischer Vielfalt erhalten blieb. In gebirgigem Gelände finden sich die schönsten Laubwälder der Welt, unter anderem mit Rhododendron und Breitblättrigen Kalmien. Blütenpflanzen gedeihen hier und auf den baumlosen, mit Heide bewachsenen Bergkuppen. Wasser und Kohlenwasserstoffe aus den Blättern erzeugen »Rauch«. Die Luftverschmutzung verringert jedoch die Fernsicht ganz erheblich. Der Nationalpark wurde 1934 eingerichtet und ist ein Internationales Biosphärenreservat.

FRÜHLING, WEST PRONG LITTLE PIGEON RIVER

FICHTE ÜBER NEBELBÄNKEN, CLINGMANS DOME

EISÜBERKRUSTETER WALD, NEWFOUND GAP

SONNENUNTERGANG ÜBER BEWALDETEN BERGRÜCKEN, CLINGMANS DOME

VERREGNETE BERGE ÜBER DER DEEP CREEK DRAINAGE

OCONALUFTEE RIVER IM HERBST

FRÜHLINGSNEBEL OBERHALB DES WEST PRONG LITTLE PIGEON RIVER

FARM AUS DER PIONIERSZEIT, OCONALUFTEE

MONDAUFGANG ÜBER DEN BERGEN ÖSTLICH VON CLINGMANS DOME

Der Blue Ridge Parkway führt auf einer Länge von 750 Kilometer über die Kämme der Southern Appalachians und verbindet die Nationalparks Great Smoky Mountains und Shenandoah miteinander. Immer wieder öffnen sich Aussichten auf parallel und quer verlaufende Gebirgszüge.

SHARP TOP PEAK, PEAKS OF OTTER

RHODODENDRON VOR BLUE RIDGE, DOUGHTON PARK

GRANDFATHER MOUNTAIN AUF DEM BLUE RIDGE

HERBST, BLUE RIDGE BEI DER DEEP GAP

SHENANDOAH VALLEY, BEAR FENCE MOUNTAIN

Eine spektakuläre Landschaft entfaltet sich an dieser Fortsetzung des Blue Ridge auf dem Skyline Drive. Der Appalachian Trail verläuft auf der ganzen Länge des Parks parallel zur Straße. Außerdem folgt er dem Hauptkamm der Great Smokies auf dessen 3400 Kilometer langem Weg von Georgia nach Maine. Shenandoah wurde 1935 eingerichtet.

HAZEL MOUNTAIN OVERLOOK

DARK HOLLOW FALLS, BIG MEADOWS

HERBSTWALD, ELK WALLOW

FRÜHLINGSWALD IN DER DARK HOLLOW

OBERER RAND DER LEWIS FALLS, BIG MEADOWS

RHODODENDRON IM HARDWOOD FOREST

STURMFLUT, ATLANTIK, OTTER CLIFFS

Der Acadia National Park bewahrt die natürliche Schönheit der Küsten von Neuengland. Meer und Gebirge stoßen am Mount Desert Island, 1604 von Champlain wegen seiner kahlen Granitberge so benannt, spektakulär aufeinander. Nebel streichen von der See herüber und hüllen die eiszeitlichen Kuppen und Täler ein, deren markante Punkte Namen wie Cadillac, Sargent, Dorr-Eagle, Jordan Somes und Bass Harbor tragen. Eingerichtet 1919.

GRANITFELSEN, OTTER CLIFFS

GLETSCHERFINDLING AUF DEM CADILLAC MOUNTAIN

SONNENAUFGANG, CADILLAC MOUNTAIN, FRENCHMAN BAY

FLECHTENMUSTER AUF GRANIT, CADILLAC MOUNTAIN

HERBST AUF DEN GRANITFELSEN DES CHAMPLAIN MOUNTAIN

JORDAN POND UND THE BUBBLES

ODE AUF UNSERE NATIONALPARKS

von David Muench

Diese Sammlung von Fotos hat ihren Ursprung in einer tiefen Faszination an den Nationalparks – Inseln landschaftlicher Schönheit, Sanktuarien, die in hohem Maße eine großartige amerikanische Idee symbolisieren. Für mich hat ihre Inspiration zu zahllosen Ereignissen, Reaktionen und Verbindungen mit immateriellen Werten sowie zum fein austarierten Gleichgewicht der Energie zwischen der Landschaft und meinen eigenen Wahrnehmungen geführt. Geheiligt und spirituell, haben die Nationalparks mit ihrer urtümlichen Schönheit mein Sehen fokussiert und in ein Realitätsgefühl verwandelt, eine Art Hyper-Realismus, der den vitalen Kern der Wildheit in der Landschaft Amerikas enthüllt. Das Thema dieses Buches könnte erstaunlicherweise auch eine Ode an die Wildnis sein, sind doch große Teile der Nationalparks explizit als Wildnis unter Schutz gestellt.

Eine stetig sich vertiefende Faszination an flüchtigen, zeitlosen Momenten, die sich in der Landschaft ereignen, hat mir eine ideale Möglichkeit erschlossen, andere Menschen teilhaben zu lassen an meinen tiefempfundenen Gefühlen für unsere Nationalparks. Es ist eine nicht endende Hingabe, ein forschendes Auge, worin sich, so steht zu hoffen, diese Aspekte der besten unserer traditionellen Nationalparks spiegeln. Meine Intentionen für den Fluß der Bilder sind die persönliche Darstellung und der Einschluß der großartigen Naturkräfte, die sich nach meinem Empfinden in der Individualität jedes Parks ausdrücken. Bevorzugt wurden wegen ihrer einzigartigen globalen Bedeutung Nationalparks und Naturschutzgebiete, die als Weltnaturerbe ausgewiesen wurden.

Was mich an der Fotografie bewegt, ist die Wahrnehmung des Lichts in seiner unablässig wechselnden Intensität. Es ist dies eine Verherrlichung vertrauter Eindrücke – ein Reagieren auf reinste Form – das geheimnisvollste Licht. Stimmung und Dramatik sind für mich eine wichtige Möglichkeit, das Besondere eines Ortes wiederzugeben. Symbolische Beziehungen, dynamische Augenblicke und Spiegelungen im Wasser spielen wichtige Rollen im Gefüge meines fotografischen Ausdrucks.

Das endgültige Foto mag in einem Sekundenbruchteil entstehen, trotz der weiten Reisen und zeitraubenden Mühen, die nötig sind, um einen solchen besonderen Moment einzufangen. Der intuitive Drang, die Wildnis zu erforschen und zu begreifen, hat mich durch den geheimnisvollen und magischen Fluß der Zyklen des Tages und der Jahreszeiten zur Geduld bewogen.

Die Inspirationen und Herausforderungen waren meine eigenen: Mögen diese Fotografien dazu beitragen, unser aller Neugier, Intuition und Imagination neu zu entfachen, damit wir die Schönheit in unseren Nationalparks entdecken und eine sanfte Stimme in der Wildnis geweckt wird, die unser Bewußtsein für die Rolle unserer Nationalparks – als Lebensraum und Ort des Staunens und der Freude – schärft und unser Verständnis für die uns umgebende natürliche Welt vertieft.

Die Fotos wurden teils auf großformatigem Film (4 × 5") der Fabrikate Ektachrome 64 und Fujichrome Velvia, teils auf Kleinbildfilm Kodachrome und Fujichrome Velvia gemacht. Filter wurden sparsam eingesetzt, und in den meisten Fällen habe ich ein stabiles Stativ verwendet, alles im Interesse optimaler Qualität der Wiedergabe und des Ausdrucks.

Dank an Stuart Udall und James Udall für ihre glänzende Darstellung der sich wandelnden Aufgaben des National Park Service und seines Engagements für die Nationalpark-Idee. Dank auch an Marc Muench für seine Bilder auf den Seiten 25, 30, 31, 53, 55, 59, 61, 130 und 207.

KANADISCHE ALPENROSE, ACADIA